九州文库

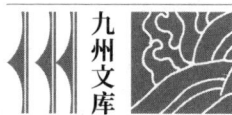

基层治理现代化实践探索

常　婧　著

九州出版社
JIUZHOUPRESS

图书在版编目（CIP）数据

基层治理现代化实践探索／常婧著．--北京：九州出版社，2024.2
ISBN 978－7－5225－2636－2

Ⅰ.①基… Ⅱ.①常… Ⅲ.①社会管理—研究—中国
Ⅳ.①D63

中国国家版本馆 CIP 数据核字（2024）第 044519 号

基层治理现代化实践探索

作　　者　常　婧　著
责任编辑　陈春玲
出版发行　九州出版社
地　　址　北京市西城区阜外大街甲 35 号（100037）
发行电话　（010）68992190/3/5/6
网　　址　www.jiuzhoupress.com
印　　刷　唐山才智印刷有限公司
开　　本　710 毫米×1000 毫米　16 开
印　　张　12
字　　数　134 千字
版　　次　2024 年 2 月第 1 版
印　　次　2024 年 2 月第 1 次印刷
书　　号　ISBN 978－7－5225－2636－2
定　　价　85.00 元

前　言

　　国家治理体系和治理能力现代化的改革目标，体现了新时代中国政治发展的新追求。现代民主政治与现代国家治理是互为表里的内生关系，二者在国家现代化发展进程中相得益彰。在现代国家治理中，民主程序体现其工具性，民主目标体现其价值性。民主是国家治理的工具也是目的，贯穿于治理实践的全过程。中国共产党将社会主义民主政治的发展成果运用于国家治理实务，这是中国特色社会主义的理论自觉，也是"党领导人民有效治理国家"的行动自觉。

　　协商民主作为社会主义民主的实现形式，源于中国共产党领导的革命、建设、改革的历史进程，是集学理性、政策性和实践性于一体的理论体系。社会主义协商民主是中国民主话语的创新发展，是中国特色社会主义民主的最新理论成果。党的十八大以来，协商民主理论被广泛关注，协商民主与治国理政实践的结合也越发紧密。党的十九大进一步明确了人民民主的真谛：有事好商量，众人的事情由众人商量。这意味着协商治理将在更大范围内成为可能，协商民主将被更广泛地运用于国家治理实务。

办好中国的事情关键在党。协商治理由理念上升为制度，党是关键。基层党组织直面群众的利益诉求，是协商治理的责任主体。基层党组织促进基层协商制度化，畅通利益表达渠道，引导群众形成"群众的事同群众多商量"的民主决策机制。基层党组织在社会治理实务中有意识地嵌入协商机制，有利于进一步坚持和完善党的领导方式，有利于基层党建理论与实践创新发展。

由此，基于国家治理、协商民主、基层党建三个理论资源，本书聚焦"基层党组织在协商治理中的功能与定位"这一核心问题。基层党组织统领协商治理全过程，既在理论上存在创新可能，又在实践上具有引导基层协商治理的实践经验，还在发展上具有协调各方的能力和愿景。基层党组织在协商治理中的职能定位与功能发挥，直接关系协商民主的治理效能和国家治理现代化的实现程度，具有较大的研究价值和探索空间。

据此，本书首先探讨党的协商治理创新空间，从基层协商民主的理论定位入手，分析协商与治理的嵌入关系，阐述党组织、协商、治理三者的理论联系，聚焦基层党组织如何发挥协商治理的功能这一问题，形成第一篇。第二篇的主要内容是地方基层党组织如何进行各具优势的协商治理实践，发掘并总结出协商治理的基层地方实践模式。其中，将党委直接领导协商治理实践治理轨迹、党促机构职能协商、党集群力统筹协调三种不同模式独立成章，分别论述了基层党组织引导协商治理发展的不同阶段和不同侧重。第三篇在案例分析和经验总结的基础上提炼基层党组织在协商治理中发挥作用的规律性做法，并论述在逐步加强对基层党组织介入协商治理的统筹和领导过程中，可能走出一条参与式的党建引领社会治理之路。

　　中国协商治理建设以党的领导为核心，以党组织、地方政府及部门、社会组织、公民个体等多元力量为协商主体，构建充分开放的协商治理格局，保障基层社会治理的民主空间。开放式民主治理的关键是党的建设，要强化基层党组织的战斗堡垒作用，加快构建适应多元利益诉求的开放治理格局。党组织还应主动开放多元主体参加共商共治、协商自治的实践过程，促进基层群众自治制度的可持续发展。当然，基层党组织领导协商治理毕竟处于起步阶段，还存在职能定位、制度设计、程序规范和发展程度不均衡等困境和挑战。要实现基层协商治理的全面均衡发展，还需要基层党组织坚持不懈的探索和努力。

　　总之，在已有的协商治理实践基础上，基层党组织主动作为，与群众商量办事，构建广泛参与的协商治理新格局，提升制度化和规范化水平，有利于提升基层党建科学化水平，有利于进一步做好群众工作，推进国家治理现代化进程。

目　录
CONTENTS

第一篇　党领导人民协商治理的创新空间

第一章　中国基层协商民主的理论定位

第二篇 基层党组织协商治理实务探析

第三篇　基层党建引领协商治理的路径与前景

导　论

一、研究背景

中国的协商传统由来已久，是深具历史传承性的政治文化形态。政治协商的民主形式从新中国成立初期延续至今，是党和国家政治生活的重要组成部分，并在国民经济和社会发展中发挥着不可取代的积极作用。时代的变革使得政治协商的结构功能也在进一步丰富和完善。党的十八大、十八届三中全会之后，协商民主的理论研究和实践研究不断深入。习近平总书记在政协成立 65 周年大会上的讲话，高度概括了协商民主的内涵、优势和地位。2015 年年初，《中共中央关于加强社会主义协商民主建设的意见》（以下简称《意见》）出台，中国协商民主进入新的历史性发展阶段。党的十九大充分肯定过去五年协商民主全面展开，明确提出人民民主的真谛是"有事好商量，众人的事情由众人商量"①，体现出协商民主在本质

---

① 习近平. 决胜全面建成小康社会　夺取新时代中国特色社会主义伟大胜利：在中国共产党第十九次全国代表大会上的报告［M］. 北京：人民出版社，2017：37.

上与人民民主的内在契合。

党的十八大之后，学界对协商民主的研究热度持续高涨。从理论研究和历史研究，到地方实践经验总结推广，再到新兴的协商方法和技术研究，协商民主研究在短期内充分积累并快速发展。特别是随着党中央对协商民主的顶层设计不断深化，协商民主研究越发呈现制度化和可操作化的特点，涌现了一大批实证研究成果。实证研究与地方实践互相助力，推动了基层协商民主的发展。一些起步较早的地方基层实践者结合最新的理论成果进行制度完善和修补，将一些新兴的典型协商形式在顶层设计的基础上充分借鉴成熟模式进行本土化。基层协商民主实践进入了探索、研究、总结、推进的良性循环。

党的十九大以来，中国民主话语进一步内涵式发展，创造性提出"全过程人民民主"的重大理论和实践课题。2019年习近平总书记在考察上海基层社区时首提"人民民主是一种全过程的民主"。2021年7月1日，习近平总书记在庆祝中国共产党成立100周年大会上完整使用"坚持发展全过程人民民主"的表述。党的十九届六中全会通过的《中共中央关于党的百年奋斗重大成就和历史经验的决议》将"坚持发展全过程人民民主"概括为习近平新时代中国特色社会主义思想的重要内容。全过程人民民主是社会主义协商民主理论的重要发展，旨在强调社会主义民主政治是一种程序合理、环节完整的民主形式。相较于西方选举民主的起点民主和断点民主特征，社会主义民主是最广泛、最真实、最管用的民主。社会主义民主政治实现了全领域、全流程和全覆盖，在涉及国计民生的各个重大事项和问题中贯彻民主选举、民主协商、民主决策、民主管理、民主监督等各个环节，全过程体现人民意愿、回应人民诉求。

全过程人民民主是我国民主理论和民主话语的最新发展，其内涵包括选举民主和协商民主在内的民主形式，延续了民主不以投票结束而终止，而是体现在参与国家治理全过程的协商理念。民主不仅是一种政治追求，更是一种实实在在的政治活动，是党领导人民治理国家的政治实践。传统社会治理方式中，唯一的权力主体同时也是责任主体。从传统治理到现代治理的标志之一是治理主体的多元化。现代社会治理是基于社会利益多元分化的理论假设，与多元治理主体进行协商共治。党的十八大以来，协商民主嵌入社会治理全过程，基层党组织与群众协商共治，并统筹协调资源为群众解决困难问题，有效解决基层党组织社会治理角色、定位困境，以党建引领基层社会治理，有利于推进党的建设科学化、推进国家治理体系和治理能力的现代化。因此，协商民主与社会治理相互促进、共同发展，以协商民主提升治理效能、以现代治理推进民主政治。那么，在协商与治理的深度融合实践中，基层党组织作为领导主体，如何在治理过程中转变角色、优化功能，如何运用协商民主的工具实现全过程有效治理，这是本书主要探讨的话题。

办好中国的事情关键在党。基层党组织处于人民群众利益诉求的一线，要更加有效地激发社会主义民主政治的制度优势，紧紧依靠人民治理国家，带领人民创造新的历史伟业。本书基于上述理论和实践背景，研究基层党组织在协商治理中的功能与定位。立足基层的协商治理实践，总结基层党组织引领协商治理的经验和规律，更好地实现"党领导人民治理国家"。

二、成果综述

本书涉及三个核心概念：基层协商民主、社会治理、基层党建。基层协商民主是社会主义协商民主理论的组成部分，社会治理是政治学和管理学的研究领域，基层党建是党的建设理论的重要组成。目前，这三个核心概念及其相关领域内的理论资源非常丰富。在充分借鉴和吸收前人研究成果的基础上，文献综述将围绕本书的研究计划进行问题归类，总结成果分布规律，为交叉学科衍生的新的中心问题服务。

（一）基层协商民主理论研究与实践进展

协商民主研究涵盖理论与现实，关注顶层设计、学术话语、地方实践。特别是基层协商民主的研究，更需要在协商民主的背景和理论指导下深入社会调查，总结规律，注重实际，既要有理论高度，又要有应用价值。基层协商是协商民主体系中较难把握的层次，对基层协商的研究需将文件话语、学术逻辑、工作实际交互融合，才能进一步转化和提炼。

1. 协商民主顶层设计

党的十八大报告在第五部分政治体制改革第二方面以"健全社会主义协商民主制度"为标题，首次以党的重要文件形式确立了社会主义协商民主的重要地位、理论内涵、协商渠道、议题、程序等。特别提出"积极开展基层民主协商"。这是党的重要文件第一次出现基层民主协商的概念。

十八届三中全会公报较十八大报告更加明确了一些原则性内容

和方向性要点，澄清了十八大以来学界对协商民主来源的东西方争论，也表明了当前形势下发展协商民主的重要意义，提出了协商民主的理论体系建设，"构建程序合理、环节完整的协商民主体系"，细化了协商渠道和协商类型，鼓励全社会广泛开展协商实践。至此，协商民主的理论研究和实践经验总结达到一个高峰。

习近平总书记在政协成立 65 周年大会上的讲话，从人民政协工作谈起，用一半的篇幅论述协商民主，阐述了协商民主的本质、发展历程、理论来源等，是一篇全面深刻的协商民主概览。

2015 年年初，中央办公厅组织专家调研组进行了近两年的实地调研之后，出台了《关于加强人民政协协商民主建设的实施意见》（以下简称《意见》）。这是党内第一个关于协商民主的专门文件，可见中央对协商民主理论建设和制度建设的重视。文件九个部分阐述了协商民主建设的重要意义、指导思想、基本原则、渠道程序、七大协商、党的领导等方面内容。该文件将协商民主渠道进行统一表述，概括为七大协商渠道，特别强调了基层协商这一重要渠道。在协商治理成为新常态的条件下，基层党委和各级党组织要担起统领大局、协调各方的作用，转变工作思路和作风，切实促进协商民主建设的开展，提升社会治理绩效，促进社会和谐稳定。基层党组织引领协商治理，是国家治理现代化的关键所在。半年后，中央出台《关于加强城乡社区协商的意见》，进一步对城乡社区协商给予指导性规范，包括总体要求、主要任务和组织领导三个部分。城乡社区协商的所指与基层协商是一致的，内涵包括两种类型：街道乡镇协商和行政村社区协商。

党的十九大报告总结了五年来协商民主的发展，明确指出"协商民主是实现党的领导的重要方式，是我国社会主义民主政治的特有形式和独特优势"。特别指出人民民主的真谛是"有事好商量，众人的事情由众人商量"。"商量"思维就是协商思维，与人民民主内在契合。"协商民主是实现党的领导的重要方式"，解决了在基层如何实现党的领导的重大课题。通过协商民主来实现党的领导重心下沉，既解决群众困难问题，又能使党的领导在基层落地。将协商民主落实在制度层面，要可操作、易操作，就需要加强程序设计和参与实践，特别是在群众中提高认可度和参与度，加强党在基层协商民主建设中的作用。

以上协商民主及基层协商的文件规定，系统阐述了协商民主的理论合法性、中国协商民主的制度程序、基层协商的实施办法等内容。可见，协商民主的顶层设计时时处处体现着民主的哲学思想和价值追求，体现着中国共产党治国理政的系统思维，体现着政党、政府、社会、公民的互动关系。

2. 协商民主的学术话语

党的十八大后，中国协商民主在最高政治层面得到系统阐释，基层协商也从一种决策形式上升为一种国家制度构成形式，这是对协商民主理论研究的肯定，也是对一个时期内基层协商民主实践的肯定。协商民主的研究和实践早已有之，具备深厚的理论背景和学术价值。研究中国协商民主，需要对中外协商民主研究成果进行梳理和总结，这样，才能辨析中西方协商民主的异同，更好地借鉴有益成果，推进社会主义协商民主的建设进程。

首先，西方协商民主是 20 世纪 90 年代学者在反思选举民主不足的基础上产生的一套补充的理论体系。美国学者约瑟夫·毕塞特最早使用协商民主概念，"体现在他的博士论文《国会中的协商：一项初步的研究》和《协商民主：共和政府的多数原则》中"①。随后，中国学者对西方协商民主的理论译介在中国学界掀起了协商民主研究的热潮。中央编译局的陈家刚是主要代表，他先后主持翻译《协商民主及其超越：自由及批判的视角》（作者：澳大利亚约翰·S. 德雷泽克）、《协商民主：挑战与反思》（作者：美国约·埃尔斯特）、《民主与差异：挑战政治的边界》（作者：美国塞拉·本哈比）等。"协商民主"这个概念也是陈家刚的理论贡献，经过长时间的斟酌和推敲，"从'审议民主''商议民主''协商民主''慎议民主'等语词中，反复对比研究，最终确定了'协商民主'这个概念"②。而中国协商民主的理论源起并非是为批判和反思选举（票决）民主而存在的，而是源自中国传统政治文化和现代政治实践，是具有"内生性、真实性和持续性"的民主形态。关于中西方协商民主理论的源起之异，著者专门在《协商民主理论的结构要素探析》一文中辨析过这一问题。

西方协商民主理论在内涵、目标、结构和功能上也进行了系统论述，特别是对协商的理念和程序规范进行了探析。对协商概念的论辩最早可以追溯到古希腊哲学家亚里士多德的"公民公开讨论、相互证明其规则和法律的过程就是协商"③。民主授予公共决策结果合法性，民主过程代表着决策是经过大多数人妥协或同意的；协商授予公共决策过程合法性，决策过程在表决前是经过充分讨论的，

---

① 李君如. 协商民主在中国 ［M］. 北京：人民出版社，2014：153.
② 陈家刚. 协商民主引论 ［J］. 马克思主义与现实，2004（3）：26-34.
③ 谈火生. 审议民主 ［M］. 南京：江苏人民出版社，2007：2.

公共理性是公共决策的基础。协商民主带来分权制衡，避免寡头统治的后果，维护共同体的最大公约数。这一点与塞缪尔·P.亨廷顿的"共同体"论述一致，亨廷顿强调共同体的建立基于"道德和谐、互利互惠和政治机构"① 三个因素，共同体长久和总体的利益需要通过一种直接民主的方式来实现，避免代议制民主带来的寡头倾向。协商民主的本质就是多数与少数的平衡。协商民主不以简单的多数投票为导向，而是以最优结果为导向，尽量照顾更多人的公共利益。最优结果不一定是效率最优，却是公共利益最优。② 协商民主是在最大共识的基础上力臻善治，尤尔根·哈贝马斯给予协商民主很高的道德评价，"团结和对公共的善的向往成了社会整合的第三种来源"③。对公共领域的良善追求是协商民主的社会治理目标。广大的基层社会是最大的公共领域，涉及群众切身利益的事务众多，需要借用公共理性的概念，以协商的方式，在平等的话语条件下通过对话和审慎的论辩解决矛盾和问题。哈贝马斯的程序性民主理念早已在操作技术上提前实现，那就是享誉世界的《罗伯特议事规则》(1876)。它规定了民主制衡的程序细节，教会人们如何讨论、如何争辩，并在程序设计上尽量考虑到任何一个参与者的权益。"要让强势一方懂得他们应该让弱势一方有机会自由完整地表达自己的意见；让弱势一方明白既然他们的意见不占多数，就应该体面地让步。同

---

① [美]塞缪尔·P.亨廷顿.变化社会中的政治秩序[M].王冠华，等译.上海：上海人民出版社，2008：9.

② 常婧.协商民主理论的结构要素探析[J].云南社会主义学院学报，2015（1）：86.

③ [美]塞拉·本哈比.民主与差异：挑战政治的边界[M].黄相怀，等译.北京：中央编译出版社，2009：23.

时，他们仍有权利通过规则来改变局势。"① 关于治理规则和决策流程的设计广泛应用于公共领域，特别是基层政府决策，可谓基层协商民主的技术指南。协商民主研究者逐渐从理念的倡导转到技术的辅导，斯坦福大学协商民主研究中心主任费什金教授在很多国家和地区开展协商民主民意测验，包括在中国浙江省，带领一批中国学者用质化与量化相结合的方式进行协商民主研究。

其次，中国学者在理论研究和实证研究方面做出很大贡献，特别是十八大以后，学界注重研究协商民主如何推进国家治理现代化，通过借鉴西方理论、原则、方法，总结基层协商民主实践中的经验和教训。

党的十八大以前，国内学者对协商民主的研究多数集中在西方理论的译介或者对协商方法的介绍方面，比较有代表性的有《协商民主的发展》（陈剩勇、何包钢）、《审议民主》（谈火生）、《协商民主》（陈家刚）、《协商民主译丛》（俞可平、陈家刚）、《协商民主：理论方法和实践》（何包钢）、《民主恳谈——温岭人的创造》（慕毅飞、陈奕敏）、《当代中国民主协商研究》（孙存良）、《协商民主》（高建、佟德志）等。这些成果或精选了西方协商民主理论的主要观点和方法，或较早开始对协商民主的中国实践进行归纳，为国内掀起协商民主研究热潮打下了良好基础。

党的十八大推进协商民主制度建设后，国内学者对中西方协商民主理论开始进行深入探究，特别是社会主义协商民主的研究和协商民主的中国实践研究迅速兴起。从中国知网的论文数量统计可见

---

① ［美］亨利·罗伯特. 罗伯特议事规则［M］. 袁天鹏，孙涤，译. 上海：格致出版社，上海人民出版社，2008：10.

一斑：2002 年到 2005 年，以协商民主为篇名的文章每年只有十几篇到几十篇不等；2006 年到 2012 年，每年有关协商民主的论文均达到 300 篇以上；2013 年陡增至 1388 篇，2015 年达到峰值 2152 篇；此后，2016 年、2017 年、2018 年稳定在 1000 篇左右；2019 年后至今，年均发表量降至 600 篇左右。代表性的著作观点综述如下：《协商民主：中国的创造与实践》（林尚立，2014）和《中国协商民主的逻辑》（林尚立、赵宇峰，2015）这两本书对协商民主的政治定位、逻辑结构和改革方向进行了本质性反思；《协商民主在中国》（李君如，2014）一书对协商民主的中国话语和重点问题进行厘清；《国家与社会合力互动下的乡村协商民主实践》（陈朋，2012）从最早开展协商民主实践的温岭案例入手，构建了国家与社会合力互动的协商机制。

3. 基层协商民主理论与实践

首先，基层协商民主的理论合法性来源于十八大以后对协商民主的层次性研究。黄国华教授在《社会主义协商民主体系视域下的基层协商民主研究》中把"基层协商民主作为社会协商范畴中的一个层级"，提出"社会主义协商民主分为政治协商和社会协商两个层次比较合适，基层协商处于社会协商之中"①。在后来的《意见》和《城乡社区协商意见》中，协商民主的国家、社会、基层三层分类成为规范化表述。在三个纵向层次中，公民层面的基层协商是社会主义协商民主体系的微观层次，也是协商民主的微观实现形式。

中国协商民主实践远远早于理论研究和制度规范，浙江温岭的

---

① 黄国华，吴碧君，王小明. 社会主义协商民主体系视域下的基层协商民主研究 ［J］. 重庆社会主义学院学报，2014，17（6）：78.

"民主恳谈会"当属其中发展最早、最有影响力的基层协商形式。民主恳谈从思想政治教育手段发展到决策型民主恳谈，再发展到参与式预算，不断升级完善。温岭模式始终在专家学者的学理论证和实践指导下进行；反过来，丰富完善的基层实践案例也不断地催生新的研究成果。何包钢结合政治实验和制度细节设计，出版了《协商民主：理论、方法和实践》等著作，是国内较早对协商民主进行实证研究的学者。继温岭之后，各地基层协商遍地开花，各种议事会、听证会、居民论坛、会商会等协商议事的平台相继出现。寇延丁、袁天鹏著的《可操作的民主：罗伯特议事规则下乡全纪录》一书，用人类学、社会学的方法对安徽阜阳南塘村进行长期的实地调研，记录了规则下乡的全过程，具有一定的理论研究价值。中国基层协商民主的发展和实践，正是由于学者和实践者的双向互动，才得到不断丰富和完善。

（二）基层协商促进社会治理创新研究

本书的理论聚焦基层协商民主是社会主义协商民主制度、社会治理理论、基层党建、基层民主、基层群众自治制度五个理论范畴的交叉点，因此，在学理性解释和实践探索过程中存在一定的复杂性。本书正是基于交叉学科的理论视野，对基层协商治理中的党建重点问题进行梳理。其中，社会治理是重要的政治学和管理学概念，基层社会是治理终端，面临众多实际的利益矛盾，党只有做好基层社会治理，才能推进国家治理现代化和党的建设科学化。

全面深化改革的总目标是国家治理体系和治理能力现代化。这就是说，社会治理存在改革前和改革后的巨大差异，需要用动态的眼光进行社会治理综合改革。那么，改革前后的差异是什么呢？我们过去是怎样的治理模式，要构建一种怎样的治理格局呢？

1. 治理和基层社会治理

社会是所有复杂利益群体的总和。社会的复杂性带来了治理的复杂性，尽管很多学者在尝试给出治理的定义，但很难准确把握其要义。基本的共识是，治理是不断演化和修补的动态过程，不同发展阶段的国家地区的治理方式、手段、效果也有所不同。要实现治理现代化的总目标，对治理的概念把握至关重要。美国学者李侃如在《治理中国：从革命到改革》一书中对治理进行了词源学解释："治理（govern）的本义是统治、支配、统辖，其名词形式之一是government，即政府。"但这一翻译明显与现代治理理念的多元主体、多中心、平等对话等理念是相背离的，更多是指政府主导下的社会管理。也就是说，"治理，是'治'和'理'的结合，其行为主体不仅是架构于社会之上的政府，也包括社会本身"①。现代治理的概念与此理解是一致的，治理是一种公共领域的互动过程。明显把治理与统治区分开，强调非政府组织、专业性团体、公民力量统筹协调自发形成的社会运行机制。

在基层社会治理中，从统治、管理到治理这一转型体现得更加明显。党的十八届三中全会提出"创新社会治理"的体制机制，指出"在发展新型城镇化过程中，城乡社区治理是城市治理的基础和核心"。在基层社会，"管理"更加倾向于政府主导下的城乡社区管控，突出强调政府的主导能力；而"治理"则更加倾向于政府、市场和社会、公民的互动，突出多元主体的参与和协商作用。党的十

---

① ［美］李侃如. 治理中国 ［M］. 胡国成，赵梅，译. 北京：中国社会科学出版社，2010：3.

八大报告中再次明确提出，在城乡社区治理中实行群众自我管理、自我服务、自我教育、自我监督是人民依法直接行使民主权利的重要方式。这就是说，基层社会治理的最终目标是健全和完善基层群众自治制度，培育和提升群众的自治能力，正确处理基层行政力量和群众自治的关系。唐奕主编的《基层治理之路》（2016）从基层实践者的角度梳理了基层治理的顶层设计、工作体系、社会共治和未来之路。当前，在基层社会治理中，治理主体依然是党领导下的行政力量，这一主体不能改变，否则将失去基层政治土壤的稳定性。但在这一领导力量的基础上，多元主体并存的格局正在形成。基层党组织是基层社会的治理主体，通过协商民主的方式整合社会资源，完善利益表达和协调机制，实现社会良善和谐，促进人的全面发展。2019 年，党的十九届四中全会通过《中共中央关于坚持和完善中国特色社会主义制度、推进国家治理体系和治理能力现代化若干重大问题的决定》，为推动国家治理现代化的进程制定四梁八柱，并提出总体目标：到我们党成立一百年时，在各方面制度更加成熟更加定型上取得明显成效；到二〇三五年，各方面制度更加完善，基本实现国家治理体系和治理能力现代化；到新中国成立一百年时，全面实现国家治理体系和治理能力现代化，使中国特色社会主义制度更加巩固、优越性充分展现。

2. 协商民主在基层治理中的运用

党的十八大以后，社会主义协商民主理论与实践不断丰富和完善，党的十八届三中全会又提出国家治理现代化的重要理论，党的十九届四中全会提出坚持和完善共建共治共享的社会治理制度，协商民主与国家治理现代化的内在一致性和结合点迅速成为研究的重要课题。协商民主作为一种有效民主治理方式嵌入国家治理体系，具有充分的叠加效应，也产生了众多理论实践成果。

首先，协商民主运用于基层社会治理的意义与价值。基层社会治理面对公民具体的利益诉求，回应与群众切身利益直接相关的实际问题。协商民主是一种直接民主的形式，通过平等参与公共事务来弥补代议制民主的不足，因而，提升公民民主素质和民主能力是协商民主的必由之路。有些学者把协商民主直接作为治理形式，澳大利亚籍华裔学者何包钢认为协商民主是"政治治理的手段，也是一种政治参与的过程，更是一种民主化的、科学化的决策过程"①，具有政治哲学意义。国内学者对协商民主推进社会治理的功能有以下主要论述："协商民主作为一种治理型民主，其功能在于能从社会基础的角度有效承接现代国家治理的基本需求，突出表现在培育现代国家治理所需的参与主体和促进生成现代国家治理所需的社会秩序"②。在当前中国共产党长期执政的条件下，有学者认为协商民主是多元化社会利益格局下的民主理想新模式："在一个强调多元、尊重差异的时代，在一个既有体制面临重重危机和挑战的时代，协商民主开启了人类探索民主理想的新征程。"③ 总之，国内学者围绕协商民主的价值功能展开了研究，积累了充分的研究资料，在推进国家现代治理方面发挥了智库作用。

其次，协商民主运用于基层社会治理的原则和实施程序。公共

---

① 何包钢. 协商民主：理论、方法和实践［M］. 北京：中国社会科学出版社，2008：17.
② 齐卫平，陈朋. 现代国家治理与协商民主的耦合及其共进发展［J］. 华东师范大学学报（哲学社会科学版），2014，46（4）：50.
③ 陈家刚. 协商民主与国家治理［M］. 北京：中央编译出版社，2014：5.

正义和公共理性是协商民主的两大要素，协商民主在基层治理中的程序设计和协商过程组织一定要反映这两大原则。近年来，对协商治理的操作技术越来越受到学者们的重视。张小劲主编的《现代政治治理技术丛书》中专门有一本《协商民主的技术》（谈火生、霍伟岸、何包钢，2014），其中用案例的形式专门研究了协商民主的操作方法，具有很强的科学性和实用性。复旦大学韩福国副教授将协商民主作为一种嵌入性治理资源来考察，重点观察政府与社会的互动关系，并论证协商民主与现代城市治理的共生关系。

最后，协商民主应用于基层社会治理所面临的挑战和应对方法。协商治理的发展不可能一蹴而就，协商民主与社会治理的结合要经过长时间的磨合。"第一，党需加快协商民主的顶层设计和发展规划，以增强协商民主制度的系统性、针对性和科学性。第二，社会基础薄弱，基层协商民主发展缺乏根基。基层协商民主的开展需要一定的理论基础和实践训练，需引入对协商主体的全面培训，包括协商程序的设计、议题的选择等环节，促进基层协商民主持续性发展。"从基层社会治理面临的困难和挑战，我们不难看出，党是协商民主和社会治理的主体，基层党建的角色定位和结构功能对协商治理效果产生一定程度的影响。提升协商民主推进社会治理的实效性，充分发挥基层党组织的作用是关键。

（三）基层党建推进协商治理机制建设

基层协商推进国家治理现代化，这个主题在研究成果中并不少见，尤其是社会治理创新的研究成果更是模式众多。实践案例中，基层协商治理更多是依靠地方党委主动推进，具有一定的随意性，缺乏激励机制和制度规范，导致基层协商治理发展整体缓慢且发展水平参差不齐。

推进基层协商治理的制度化发展，实现协商治理和基层党建的双赢，须充分发挥基层党组织的主动性和创造性，使党建真正引领社会治理大局。基层党建与协商治理双向互动，发挥基层党组织引领协商治理的最大制度空间。基层党建工作的时代转型是党建研究的重点，而基层协商治理又需要党组织发挥组织引导作用，两者相互促进。基层协商治理与基层党建问题相结合方面的研究成果相对较少，具有一定的研究价值和实践意义。

基层党建是个大概念，本书聚焦基层党组织如何在协商治理中发挥作用。那么，首先需要界定哪些基层党组织属于这个研究范畴，并厘清这些组织之间的关系。基层党委和基层政府共同管理辖区行政事务，也就是说乡镇党委政府和城市街道党委政府被界定为基层政权管理机构。城市社区居委会和村委会属于群众自治组织。本书将基层党组织界定为县及县以下乡镇和街道党委、居委会和村委会党组织。现有的基层党建论述大多数是把城市社区党建和乡村党建分开的，本书合在一起讨论。

三、研究方法

本书聚焦协商治理中的基层党建问题，对于在协商治理的语境下，基层党组织如何运用协商民主实现基层有效治理的实践，在推进协商治理的结构化、制度化层面形成了哪些有益经验，主要采取了以下研究方法。

（一）理论思辨与经验实证相结合

党的十八大之后，学术界掀起研究社会主义协商民主的热潮，理论研究和实证研究皆涌现了丰富的研究成果。然而，在七大协商渠道中，基层协商民主的研究成果相对其他层次的协商而言略显薄弱，其原因主要有两方面：一是政策话语与研究话语存在一定疏离；二是基层实践者的工作实际与实证研究的方法论指导存在距离。为了增强这两种联系，本书的研究设计采取理论思辨与经验实证相结合的方法。一方面，厘清协商治理在理论上的必要性、可行性，进一步坚定中国特色社会主义的理论自信，为人类对更好制度的探索提供中国智慧和中国方案；另一方面，将基层实地调研、访谈、统计、实验、分析的结果融入其中，从地方实践出发进行实证分析，提炼出对全国基层协商治理有借鉴意义的典型经验和政策参考。

在前期研究成果《中西方协商民主理论源起之异探析》《协商民主理论的结构要素探析》《当代中国协商民主的政治社会价值及其制度构建》《基层协商民主推进社区善治研究》《全面推进基层协商制度化》《新时代中国协商民主价值功能探析》的基础上，著者先后对北京丰台区和义街道、北京朝阳区麦子店街道、温岭市、成都市、乌鲁木齐和伊宁市等进行长周期深入性的调查研究，了解基层协商民主运用于社会治理的不同模式和路径。通过直接参与基层群众事务协商代表的选举、培训、会商等环节，了解上级党委和基层党组织对待协商民主和基层社会治理的视角、程序和制度。此外，通过间接参与的方式，持续关注全国基层协商治理的典型案例和工作方法。

在实证案例的选择上，本书分析了北京市麦子店街道"问政协商"、北京市和义街道"事务会商"、温岭市"参与式预算"、彭州市的"联动协商"、北京"12345"市民热线服务社会治理、上海新途社会组织介入社区协商治理、中山市全民参与协商治理七个地方的案例来论证主题。在此基础上，个别案例独立成章详解，分析不同协商模式的成功经验。重点分析三种协商模式：温岭式赋权协商，将人大代表对政府预算的审查监督权落到实处；成都式党委直接领导协商治理实践，是基层党组织直接引导、规范、组织群众事务协商活动，最后负责将协商共识进行转化和落实；市民热线式协商以群众利益需求倒逼主动治理，将个性化群众诉求整合传送至上级党委部门统筹协调解决，提升社会治理绩效。不同的协商形式的共性都是基层党组织主动作为、统筹资源，为解决群众实际困难而诞生的自发民主治理形式，为基层协商治理探索经验和规律。

（二）质化研究与量化统计相结合

《好研究如何设计——用量化逻辑做质化研究》（盛智明译，2012）一书提出用政治学量化研究解决基层社会治理问题的新视角。本书将采用事实推论、因果推论等方式尝试对基层协商治理中的党建问题进行质化论证；同时将重点案例的协商代表、议题、程序、共识、反馈等环节进行量化分析，得出结论；再反复对质化研究的结论进行实证。量化分析在个案的基础上设定量化要素，做相关性分析，然后形成规律性假设，建立模型。本书涉及的案例观察值分为两类：共生性观察和阶段性观察，建立不同模型要考虑到一致性和发展性。不同地区的协商治理模型具备同一时空的共生条件，同一地区的协商治理模型在不同时期呈现不同样态，这些都需要在量化的基础上进行质化结果的推论。这样，才能得出有益于基层党组织深化操作的普遍性结论。

（三）系统研究与靶向研究相结合

本书以系统思维和系统方法为指导，将协商民主这个复杂庞大的理论系统，分离出政治协商、社会协商、基层协商等基本子系统，每个子系统又可以进一步分离，直至着眼于最小的构成要素——公民个体。基层协商也是一个复杂的系统，其中，党组织、政府职能部门、自治组织、社会组织、专业组织、利益代表、公民个体，都是构成这个系统的要素，不同要素之间的组成结构决定了系统的功能。运用系统思维和系统方法，是研究基层协商治理大局的需要，也是实现个体和群体实际利益的需要。目前，我国协商民主的研究系统性和理论性较强，具体实践性案例研究比较少，基层党组织在协商治理中的困境和问题难以得到理论性的指导，比如党组织统筹社会资源的动员力、社会组织的功能、自治组织的作用、公民民主能力等。协商民主和国家治理方面的系统性思考多，靶向研究少。在基层协商治理中，党组织是协调各方的核心主体。因此，仅使用系统方法是不够的，要在系统研究的基础上进行靶向研究，集中力量、重点击破。

借鉴靶向研究方法，本书聚焦基层党组织这个主体，期望通过整合地方基层实践案例对实际工作产生一定的指导意义。基层协商治理成效的高低往往取决于基层党建的水平。办好中国的事情，关键在党，基层党建引领协商治理的主体在党。在靶向研究中牢牢牵住基层党组织这个牛鼻子，激发党组织的创造力和协商民主的制度优势。那么，基层党组织在协商治理中究竟扮演什么角色？怎样扮演好这个角色？需要统筹哪些社会资源？怎样统筹资源？组织协商治理什么问题？怎样组织协商？这些问题都是本书的靶向研究重点。

四、整体思路

本书围绕基层协商民主制度化、社会治理现代化、基层党建科学化三个核心议题进行研究设计。三个议题在基层协商治理的实践中形成了相互影响、相互交织的关系。提高基层党建工作水平，实现基层党组织在社会治理中发挥战斗堡垒作用；提升基层社会治理实效，取决于基层党组织发挥的引领作用。因此，三个议题的交叉点最终落在基层党组织这个关键主体上。

（一）研究设计

本书的研究主题是协商治理中的基层党建问题，主题设置基于协商治理的视域，以基层党建问题困境为导向，试图论证在协商民主的治理手段下，基层党组织重新整合治理资源，运用治理技术，找到突破基层党建结构功能的关键所在。妥善处理好基层群众的切身利益矛盾问题，提升基层党组织的引领力和协同力。本书应用的理论资源有三个大的方面：社会治理、协商民主和基层党建。其中，协商民主是引入机制，是党运用其完成社会治理现代化目标的嵌入性资源工具；社会治理是动态转型过程，是研究背景和目标视域，社会治理现代化是党通过国家政权完成社会整合功能的应有之义；基层党建是衔接两者的关键主体。

基层协商民主推进社区治理的案例众多，根据协商模式和运行机制，本书选择了北京、四川、浙江、上海、广东五个省市的具体街道乡镇辖区内的社区或村，就其开展协商治理的实践进行实证性研究，并总结特征进行归类。具体如下：

1. 北京麦子店街道——学者论证型协商——激活群众问政能力

2. 北京和义街道——群众事务型协商——激活群众政治参与能力

3. 四川彭州协商——组织联动型协商——激活党的中心工作下沉能力

4. 浙江温岭民主恳谈——职能突破型协商——激活机构职能创新能力

5. 上海新途社会组织——社会服务型协商——激活社会组织的缓冲力量

6. 广东中山全民参与治理——自治型协商——激活公民组织化力量

7. 北京接诉即办工作——统筹型协商——人民诉求推动社会治理模式创新

以上个案在文中有些是单独成章，有些是穿插论述。主要进行两类量化观察：共生性观察和阶段性观察。共生性观察就是探寻在上述不同地区共存的不同模式之间的规律，横向地总结其代表性和典型性；阶段性观察就是根据上述各地相对成熟的协商治理模式追溯其不同阶段的探索历程，后删除进行模式和经验的创造性。

协商民主嵌入社会治理过程，带动基层党建引领社会治理的工作转型。改革开放以来，随着社会再组织化过程的推进，行政力量、市场作用、社会组织、个人利益之间相互博弈，人民诉求倒逼基层党组织转变领导方式，建立平台和机制进行协商治理。基层党组织的治理理念、思维和方式都在发生转变，政治功能和服务功能有机结合；政府机构的办事程序和服务水平逐步优化；社会组织在党治与自治之间发育和成长；公民个人在自治与组织化的平台上成熟议事。社会治理本身就是一个动态发展的过程，基层党组织顺势而为，主动进行与群众协商共治的程序设置。从管理到治理一字之差，思维的转换却是系统性的，不仅仅停留在语词的转变上。协商民主作为一种治理资源嵌入社会治理过程，在基层激起了一系列根本性的转变。协商治理的模式探索，经历了传统模式的整合重构，这是一个失序又有序的过程，是各地基层党组织逐步摸索适合本地区治理之道的必经之路。

协商民主嵌入社会治理的核心是改变权力分配结构，使得党组织、政府职能机构、社会组织、公民个体在一个由协商机制创建的平台上进行对话协商，孵化和培育社会力量，最终导向成熟的民主协商和群众自治。加强和改善基层党组织的工作方式，建设服务型党组织，全面激活群众自治活力，改善现有的利益表达和反馈机制，是当前基层党建工作的重点抓手。基层党建要在工作中尊重群众的首创精神，进行充分的合理性论证和修正，因时因地完善基层协商治理体系。邓小平同志曾指出，改革开放之所以成功，不是依靠本本主义，而是依靠基层的创造。基层党组织应当充分发挥能动性和创造性，总结经验，探索规律，形成社会治理的系统思维和系统方法，推进国家治理现代化进程。

（二）研究路径

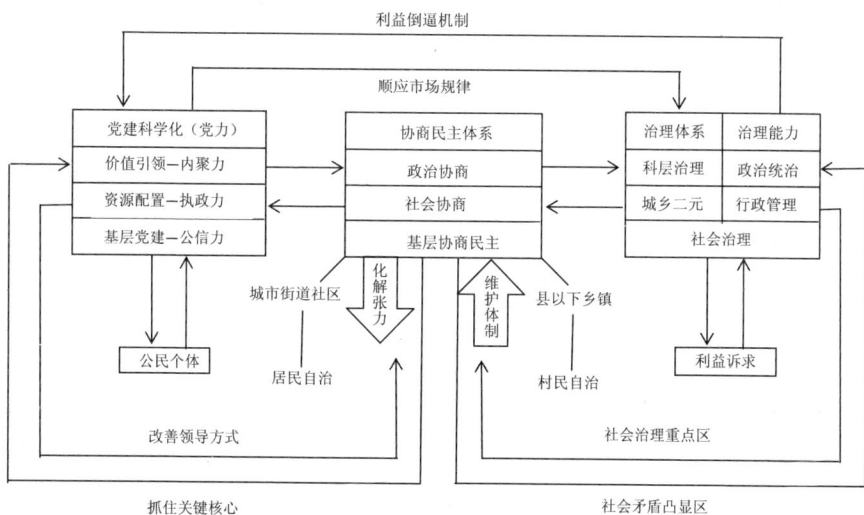

图一

图一显示本书的研究路径，从基层协商民主生发开去，在三个理论体系中寻找衍生关系。首先，基层协商民主涉及人民群众利益的大量决策和工作，是整个协商民主体系的压舱石。基层协商治理主要包括社区治理和乡村治理两个方面。加强基层协商民主是维护群众利益、化解社会矛盾的重要方法。其次，基层协商民主的主要目标是实现国家治理现代化，因为基层是社会矛盾的凸显区，也是社会治理的重点，而基层协商民主作为嵌入性政治资源进入社会治理体系，有利于构建协商治理新局面；国家治理体系和治理能力现代化的总目标，就是从计划体制下的科层治理、城乡二元治理发展到社会综合治理，从政治统治和行政管理的一元化思维转化到多元共治的治理思维。最后，关键问题是协商民主和社会治理的组织者和引导者都是党组织，基层党建是影响新时期党在基层公信力的关

23

键所在。党建科学化在于提升党力，这个党力就是价值引领的内聚力、资源配置的执政力和基层社会的公信力，统筹各方解决群众利益诉求，坚实党的执政基础。

（三）创新与难点

目前，协商治理问题论述大多数是从治理理论和协商民主理论出发寻找结合点和发展路径，以基层党建作为靶向问题的专门论述不多。虽然基层党组织在协商治理中始终发挥穿针引线的主体作用，但目前的研究缺乏关于基层党建主体性作用和转型模式的单独论述。因此，本书采取系统研究与靶向研究相结合的方式，属于可能的创新之处。

难点有三个：驾驭理论资源难、交叉学科文献较少、个案分析挂一漏万。第一，本书应用的理论资源比较复杂，对协商民主、社会治理、基层党建三个研究领域进行交叉研究。三者在理论上都属于涵盖面比较广的概念，自成体系，要把每一部分作为子系统来构建居于之上的元理论有一定难度。第二，本书始终把握基层党建工作这个聚焦点，守住协商治理这个问题域，研究协商民主和社会治理及其两者的嵌入关系。第三，关于案例的普遍性和代表性问题。案例分析是不完全归纳的结果，都具有一定程度的特殊性。本书试图在个案的基础上提炼总结不同模式的经验来呈现基层党建在协商治理方面的图景，容易出现挂一漏万。但案例分析的意义就在于争取能够把典型代表的模式勾勒清楚，希望对现状类似的地区具有一定的参考意义，对理论研究的图谱也有一点补齐的作用。

第一篇
党领导人民协商治理的创新空间

　　本篇主要阐述"协商民主"和"国家治理"在党领导人民治国理政实践中有机结合的必要价值和拓展空间，论证协商民主和国家治理的关系是自然的协同作用，即由于对方的加入，自身的功效倍增，有利于现代良善政治目标的实现。因此，两个核心概念相互协同的"化学反应"构成全文的理论假设，本篇的任务是论述协同反应的必要性和可能性。

　　全过程人民民主中的协商民主是社会主义民主政治的特有形式和独特优势，国家治理现代化是全面深化改革的总目标，二者是当前中国共产党治国理政的最新政治资源，也是研究党的建设和国家治理的重要理论资源。首先，协商民主只有在国家治理的实务中才能发挥作用，否则就仅仅是政治哲学理念，是一种未经实践检验的民主形式。协商民主具有内在的价值要求，并不是所有的商讨、讨论、征求意见都可以被命名为协商民主。协商民主需要具有多元主体、平等参与、公共理性、共识偏好等构成要素。而这些要素都要在国家治理的主体和对象同时掌握并熟练运用的情况下才能起作用。其次，国家治理的现代化目标只有通过协商民主的方式才能实现。现代治理意味着民主和科学的治理，协商民主具有宽广的民主意蕴，可渗透国家治理的全过程。协商民主是更接近直接民主的民主形式，意味着每个公民都有平等参与治理的权利。同时，协商民主的科学程序保障了这种权利的实施。协商民主在国家治理过程中得以实现民主价值，而治理的现代性又通过协商民主的民主形式和科学程序得以保障，二者相互依存，相互协同。

总之，协商民主运用于国家治理，是协商民主作为一种有效政治资源嵌入国家治理的动态过程。协商民主和国家治理互相促进、互为表里，在各级党组织的有效运用中实现"1+1>2"的协同作用。党以协商的形式实现现代治理，治理的过程体现协商民主的内涵要求，协商民主的本质又反过来提升治理的现代性。协商治理是中国共产党各级党组织需要不断巩固和实践的执政本领，具有广阔的理论和实践创新空间。

第一章

中国基层协商民主的理论定位

现代政治文明的标志之一，即公民民主意识的觉醒。在国家制度建构中，能否保障人民民主权利的有效实现，成为现代化国家的重要指标。马克思对民主制度具有至高的价值认同："一切国家形式在民主制中都有自己的真理，正因为这样，所以他们有几分不同于民主制，就有几分不是真理，这是一目了然的。"[①] 民主之所以会发展成为世界范围内的广泛政治追求，是基于民主对现代国家和现代社会的建设具有普遍的积极意义，即"避免暴政、基本的权利、普遍的自由、自主的决定、道德的自主、人性的培养、保护基本的个人利益、政治平等、追求和平与繁荣"[②]。在现代化进程中，不同国家根据国情出发，创造出丰富多样的民主形式，进行路径各异的民主建构。中国在政治现代化的探索中逐步确立了社会主义民主政治的制度形式和实现形式，既顺应了国际社会的民主化潮流，也保持

---

① 马克思，恩格斯. 马克思恩格斯全集：第 1 卷［M］. 北京：人民出版社，1956：282.

② ［美］罗伯特·达尔. 论民主［M］. 林猛，李柏光，译. 北京：商务印书馆，1999：52-53.

了自身意识形态和制度设计的独立性，依据国家发展的需要和自身的历史文化基因进行民主建构。民主建构是个动态的复杂过程，社会主义民主政治将民主成分嵌入国家制度的全过程中，并逐渐明确了协商民主作为社会主义民主政治实现形式的具体路径。

中国共产党的第十八次代表大会政治报告在政治建设部分中首次概括了"健全社会主义协商民主制度"的任务，并提出加强协商民主在基层社会治理中的重要作用。2015年中央出台《中共中央关于加强社会主义协商民主建设的意见》（以下简称《意见》），提出政党协商、人大协商、政府协商、政协协商、人民团体协商、基层协商、社会组织协商七大协商渠道，协商民主制度化体系逐步发展完善。中国共产党第十九次全国代表大会政治报告明确肯定了十八大以来社会主义协商民主的充分发展，概括为"社会主义协商民主全面展开"。社会主义协商民主日渐成熟，制度体系日趋健全，在党和国家事业发展中的重要作用已经初步显现。因此，在当前和今后的一个时期内，要继续"发展社会主义协商民主，健全民主制度，丰富民主形式，拓宽民主渠道，保证人民当家作主落实到国家政治生活和社会生活之中"[1]。协商民主是保障人民当家作主的制度和实践，贯穿于国家政治生活和社会生活的全过程。七大协商渠道中，基层协商直接作用于人民当家作主的政治生活和社会生活实践，涉及范围最广、涉及内容最实、与人民群众关系最近。大力发展基层协商，是党对人民美好生活向往的真切回应。

关注社会主义协商民主中的基层协商渠道，应将其纳入治国理

---

① 习近平. 决胜全面建成小康社会　夺取新时代中国特色社会主义伟大胜利：在中国共产党第十九次全国代表大会上的报告 [M]. 北京：人民出版社，2017：22.

政的全过程、全系统、全周期中去研究。基层协商民主虽然在协商民主的理论范围内被提出，但其内涵涉及党和国家事业的方方面面，也涉及人民群众生活的方方面面，不仅具有制度性和理论性意义，更具有实践价值。因此，要研究和推进基层协商，必须首先厘清基层协商民主的理论定位，才能站在新的历史方位中，解决好基层协商这一层次和渠道中存在的现实问题。

一、政治领域：增强基层社会党的领导

协商民主是社会主义民主政治的实现形式，是"实现党的领导的重要方式"①。社会主义协商民主产生于中国社会的历史文化土壤，实现于中国共产党领导的革命、建设和改革的进程中。协商民主既是社会主义民主政治的一种实现形式，也是贯穿中国共产党政权建设全过程的执政方式。历史上，中国共产党运用协商民主的方式实现了国家建设、政权建设、制度建设，以自我革命推动社会革命；现实中，党还将持续运用协商治理的方式完成社会建设，有效治理社会问题，全面实现党的领导。中国特色社会主义进入新时代，党进一步加强对协商民主建设的领导和统筹，协商民主必将在治国理政中发挥更大作用。

（一）有效实现党的领导纵向下沉

坚持党的全面领导，不仅要在体制和制度中实现，更要在现实社会生活中实现，在坚持中发展，在发展中坚持。党的领导在基层

---

① 习近平. 决胜全面建成小康社会　夺取新时代中国特色社会主义伟大胜利：在中国共产党第十九次全国代表大会上的报告［M］. 北京：人民出版社，2017：38.

得到落实，贯彻到人民群众生产生活的方方面面，着力解决群众的实际困难，实现人民对美好生活的向往。基层是距离人民群众最近的地方，接触的都是琐碎小事，但都是事关群众切身利益的真事实事。基层党组织积极引导群众通过协商的方式解决利益诉求，"有事好商量，众人的事情由众人商量"①，用群众的智慧解决群众的困难，基层协商民主应运而生。基层协商民主，是基层党组织通过协商会议、讨论、投票、决策等方式，引导群众有效解决利益矛盾的民主形式。基层党组织将群众个性化的利益诉求整合起来，通过有效的倾听和讨论甄选出能被广泛接受的最优方案，再根据群众共识去执行和落实。群众在这个过程中切实感受到党的领导是不可或缺的，如果没有党的领导，问题将被搁置、矛盾将被激化、诉求将被压制。党的领导不是一句空话、一句口号，而是实实在在解决群众困难问题的执行过程。

推进基层协商民主，有效实现党的领导向基层延伸，是形势所趋、体制所向。一方面，形势倒逼协商。社会多元利益的分化，倒逼基层党组织通过协商形式及时有效调和矛盾，避免小事扩大，影响党的执政基础；另一方面，体制呼唤协商。党的自身建设长期存在一个结构性难题，那就是工作重心如何实现自上而下的深入下沉，基层党组织如何发挥战斗堡垒作用，避免可能的弱化和边缘化现象。工作重心的下沉需要有落脚点，需要有工具和方法。党通过基层民主协商构建出一套制度机制，使得工作重心在基层领域实现纵向下沉。相应地，基层工作也存在一个普遍性的难题，那就是群众的利

① 习近平. 决胜全面建成小康社会　夺取新时代中国特色社会主义伟大胜利：在中国共产党第十九次全国代表大会上的报告 [M]. 北京：人民出版社，2017：38.

益诉求如何通过自下而上的反映渠道得到关注，避免长时间积累的矛盾问题得不到有效解决。党通过基层协商的形式及时整合利益诉求，得到相关部门的反馈回应，是基层协商民主对群众工作的有益贡献。自上而下的体制所向与自下而上的形势所趋相互呼应，使基层民主协商机制形成"回流"，从根本上推动党的路线政策在基层得到完善和落实，进一步加强党的全面领导。

首先，基层协商民主使党的领导自上而下实现重心下沉，打牢群众基础。改革开放以来，基层社会治理基础相对薄弱，基层党组织的战斗堡垒作用发挥不足。基层党组织在工作中忙于贯彻落实，"上面千条线、下面一根针"，相对而言在处理群众的利益纠葛、困难问题上缺乏办法，很多问题局限于收集上报，处理手段相对简单、效果有限。协商民主的专门机构是人民政协，但人民政协章程规定，政协组织在地方只到区县，乡镇和社区缺乏协商渠道，主要依托居民和村民自治完成协商。党的十八届三中全会要求发挥统一战线在协商民主中的重要作用，要求基层统战工作不能仅集中于代表人士，应下沉到百姓中去，寻找基层工作的"触角"。与人民政协相似，统战部的设立一般只到区县为止，基层统战工作需要进一步向群众延伸。因而，基层协商民主的利益需求与党的领导的下沉需求不谋而合，地方党委政府也在不断地进行尝试和实践。例如，成都市委统战部代表党委结合协商民主的理论和地区实践，在彭州市和崇州市两个县级市率先将基层统战工作与民主协商结合起来，由市委统战部代表党委统一领导，在乡镇、社区逐步试点建立社会协商对话制度，利用统战优势大力发展基层民主协商，在统战系统和协商民主研究领域引起较大反响。基层协商民主的制度实践举措并非一时动议，而是经过了严密的理论阐释和实践经验的总结之后，在基层民主协商的广阔空间应运而生的。大量基层统战工作与协商民主相结合的地方经验为基层民主协商与党委工作的结合开辟了一条新的路径，基层民主协商工作得以大力开展，群众的政治参与程度大幅提升，基层有效实现党的领导也有了新的着力点。

其次，基层协商民主是自下而上缓解社会矛盾、维护党的领导的必然要求。改革开放以来，我国社会格局经历了巨大变化，不断分化的利益群体和利益诉求呈现复杂局面。党的十八大报告提出"社会矛盾明显增多"，十九大报告提出"社会矛盾和问题交织叠加"的论断，这里的社会矛盾往往出现在基层领域。问题在基层、机遇在基层、成就在基层，基层社会的利益和矛盾冲突是对党工作的挑战更是机遇，为基层党建指明方向。随着网络参与和数字治理的兴起，广大基层群众的政治参与诉求在提升，政治觉悟和能力在提高，围绕其自身利益的对话与决策的渴望也在增强。基层政治实践的空间和前景非常广阔，可以探索实践的方法也有多种选择。在城市，旧城改造、公共基础设施建设、公共服务体系完善等问题突出。在农村，人口与土地的矛盾、经济建设与生态保护的矛盾、行政权力与群众自治权利等矛盾交织叠加。加强党在基层工作中的领导，加强基层党组织的战斗堡垒作用势在必行。我们不禁要探究，基层党组织的职权边界在哪里？在边界外如何依靠协商和自治解决群众利益矛盾、表达政党利益诉求？如何达成政府、市场、社会之间的均衡，更好为群众服务？基层事务协商不到位，利益相关方缺乏沟通和调解的平台，可能成为社会治理的难点。社会矛盾具有普遍性，那么有序、理性、可控地协商解决纷争，就是已有制度框架内的最佳和必然选择。落实基层协商民主是自下而上缓解社会矛盾的客观要求，也是巩固党执政基础、更好为民服务的必由之路。

（二）基层党组织建设的有力抓手

现代社会的政党组织在国家政权和社会治理中扮演着穿针引线的角色，是维护社会正常运转的基石。中国共产党之所以取得民族民主革命的胜利，很大程度上就是通过组织优势完成社会整合，以自我革命推动社会革命。党在政权建设和组织建设的过程中，又不断巩固和加强这一优势，实现人民利益诉求与国家体制机制的有机融合。我国目前490余万个基层党组织，是贯彻党的治国理政战略的执行者，在基层社会平衡国家治理和社会诉求，并且通过有效实现群众利益诉求来进一步加强组织建设、夯实群众基础。在基层社会，没有党建就没有协商，没有协商也就没有党建，二者是互为表里的内生关系。

然而长期以来，基层协商治理的实践更多地依赖基层党组织的自觉。也就是说，如果基层党组织主动做、自发做，基层协商就风生水起；反之，如果基层党组织缺乏协商动力，上级党组织又没有明确考核要求，那么社会治理方式维持现状也无功无过。这种缺乏激励机制和制度规范的基层协商治理发展相对缓慢，缺乏有力落实和推进协商民主的主动创新空间。党的十九大报告提出："全面加强党的领导和党的建设，坚决改变管党治党宽松软状况……着力解决一些基层党组织弱化、虚化、边缘化问题。"① 基层党组织功能和作用的转型是党建研究的重点，也是难点。现实中机遇与挑战同在，基层党组织需要提升治理实效，协商治理需要基层党组织实现更好

---

① 习近平. 决胜全面建成小康社会　夺取新时代中国特色社会主义伟大胜利：在中国共产党第十九次全国代表大会上的报告［M］. 北京：人民出版社，2017：65.

的组织引导。因此，要实现基层协商的制度化发展，必须把基层党组织的积极性调动起来，将协商民主嵌入基层党建工作考核体系，实现协商治理和基层党建的双赢。

基层党组织的工作要有抓手，要有抓在手里的实实在在的实践活动。就像一个健康的肌体必须不断进行主动的力量训练，力量的施展就要有对象，要"举哑铃"。如果总是空谈强身健体而始终没有练习对象，会逐渐肌肉萎缩、绵软无力。党组织的力量训练就寓于群众中间，组织群众活动、实践群众路线、保障群众利益。基层党组织通过构建多种协商形式围绕群众利益诉求展开讨论，培训群众抓住协商的机会维护自身合法权益，将协商共识上升为公共政策，整个协商过程成为基层党组织强身健体的抓手和对象。通过反复训练、摸索规律、总结制度、逐步推行、优化结构、完善落实，这样周而复始，不断地"举哑铃"，党组织的力量就会越来越强，群众工作会越做越好。基层协商有助于保障党的领导在基层的领导核心和政治核心地位，是基层党组织建设的有效抓手，有利于加强基层党组织在基层社会中的战斗堡垒作用。

二、制度领域：健全人民当家作主制度体系

坚持党的领导、人民当家作主、依法治国有机统一，是社会主义民主政治发展的内在要求。基层协商民主有效贯彻党的领导，特别是突出基层党组织在基层社会的领导核心和政治核心地位，是对党的领导的有效回应和积极建构。党领导和组织基层协商民主，才能在社会治理中突出人民当家作主的本质特征，进一步健全人民当

家作主的制度体系。

党的领导为人民当家作主提供政治保证，保障群众民主权利得到有效实现，党的领导和人民当家作主通过基层协商互相促进。基层协商民主在基层社会有效实现了党的领导和人民当家作主有机统一，同时具有一定的制度建设空间。十九大报告的第六部分以"健全人民当家作主制度体系、发展社会主义民主政治"为标题，阐述政治建设的主要内容。相较于党的十八大报告"要坚持走中国特色社会主义政治发展道路和推进政治体制改革"，党的十九大报告第一次提出"人民当家作主制度体系"的概念，是一次对社会主义民主政治的全新理论概括。人民当家作主制度体系是一个完备系统，基层协商民主是人民当家作主制度体系的子系统。基于结构功能理论，基层协商民主作为子系统，其理论和实践的发展有效促进人民当家作主制度体系的健全和完善。因此，厘清基层协商民主在人民当家作主制度体系中的理论定位非常重要，有助于进一步发挥基层协商民主的结构功能。

（一）基层协商是社会主义协商民主制度的重要环节

现代民主政治兼具价值取向和制度取向：一是个人自由神圣而不可侵犯；二是平等参与和管理国家事务。协商民主建构在选举民主的基础上，兼顾了自由与平等这两个政治追求。选举民主首先解决人自由选择的权利，"协商民主在选择之上，不仅关注代理人或决策形成的起点，还关注过程和结果。选择谁来行使权利，满足的是自由的需要；怎样更好地实现权利，满足的是平等的需要"①。协商

---

① 常婧. 中西方协商民主理论源起之异探析［J］. 江苏省社会主义学院学报，2014
（6）：24.

民主不仅关注投票的时刻，还关注代理人如何运用权力，全程参与其中。选举与协商相结合，兼顾了人对自由和平等的双重需求。与选举民主追求个人自由相对应，协商民主更多强调的是集体的自由。中国近代知识分子对社会"一盘散沙"现状进行深入反思，结论是从个体自由转而崇尚集体自由，"打破个人的自由，结成很坚固的团体，这个大团体能够自由，中国国家就能够自由，中华民族才能自由"①。集体的自由提倡人民平等参与和管理国家事务。参与国家事务的最基本形式就是协商，因此，协商民主反映集体自由和平等参与的民主本质。

《中华人民共和国宪法》第二条第三款明确规定："人民依照法律规定，通过各种途径和形式，管理国家事务，管理经济和文化事业，管理社会事务。"协商民主为落实人民管理国家事务的权利和义务提供广泛的实现渠道。党的十八大以来，社会主义协商民主制度是人民当家作主制度体系的重要发展，基层协商民主在社会主义协商民主体系中处于与群众利益接触最为密切的一个层次，涉及人民当家作主权利如何具体实现的问题，也是人民平等参与管理国家事务的具体实现形式。因此，基层协商民主是社会主义协商民主体系的重要组成部分，基层协商民主的制度化能够有效完善社会主义协商民主体系，进而完善人民当家作主的制度体系。

中国协商民主的发展充分发挥了顶层设计的优势。政治协商的民主形式从中华人民共和国成立延续至今，是党和国家政治生活的重要组成部分。随着社会政治经济文化的发展，特别是改革开放以来，我国的基本政治制度不断发展，在国民经济和社会发展的广阔

---

① 张磊. 孙中山文粹：下卷［M］. 广州：广东人民出版社，1996：840-842.

领域和关键环节发挥着不可取代的积极作用。时代的变革使得政治协商的结构功能也在进一步丰富和完善。协商民主在党的十八大之后取得重大发展，党的十八届三中全会又提出协商民主广泛多层制度化的发展要求，协商民主的理论研究和实践探索逐渐深入。随后，习近平总书记在政协成立 65 周年大会上的讲话进一步说明了协商民主在中国的政治合法性。至此，协商民主完成国家层面的制度建构。《意见》的出台，更是中共中央历史上第一次直接指导协商民主的发展。2021 年年末国务院发布的《中国的民主》白皮书将选举民主和协商民主概括为中国"全过程人民民主"的两种实现形式："全过程人民民主，把选举民主与协商民主结合起来，把民主选举、民主协商、民主决策、民主管理、民主监督贯通起来。"推进协商民主广泛多层制度化发展，要根据协商民主在国家、社会、基层的不同层次，设计符合国情的制度安排。

首先，协商民主在国家层面主要体现为政治协商，着重强调其规范化、程序化特征。1954 年《中华人民共和国宪法》在第一届全国人民代表大会第一次会议顺利通过。长期代行人大职能的人民政协，完成其在新中国建设时期的特殊历史使命，并作为中国共产党领导的统一战线组织继续存在，在国家政治生活和社会生活中继续发挥作用。1989 年，中共中央出台《关于坚持和完善中国共产党领导的多党合作和政治协商制度的意见》，标志着我国的政治协商走上了制度化运行的轨道。2005 年中共中央出台《中共中央关于进一步加强中国共产党领导的多党合作和政治协商制度建设的意见》提出要"把政治协商纳入决策程序，就重大问题在决策前和决策执行过程中进行协商，是政治协商的重要原则"。2006 年，中共中央出台

《中共中央关于加强人民政协工作的意见》首次提出"人民通过选举、投票行使权利和人民内部各方面在重大决策之前进行充分协商，尽可能就共同性问题取得一致意见，是我国社会主义民主的两种重要形式"。2007年《中国的政党制度》白皮书明确提出，"选举民主与协商民主相结合，是中国特色社会主义民主的一大特点。"中国共产党领导的多党合作和政治协商制度作为我国的基本政治制度，在协商民主的发展历程中起到基础性的关键作用，协商民主制度是在基本政治制度的基础上进行建设和发展的。

其次，协商民主在社会层面主要体现为对话协商，这是有效衔接决策机构与社会利益的中间环节。社会协商的源头是1987年党的十三大提出的"建立社会协商对话制度"。基本原则是"重大情况让人民知道，重大问题经人民讨论"。人大协商体现在，各级人大应当广泛征求群众对立法各环节的前期意见，通过社会公开征集、辩论、听证等方式，贯彻法治思维和法治理念中的民主成分，充分进行社会评估。政府协商是指在政府公共决策之前要充分进行民主酝酿，倾听社会呼声，召开重大公共决策的社会听证会，并且充分借鉴专家智库的意见，提升政府的科学民主决策水平。这一层次还包括人事任免的社会公示、大型项目的招投标过程、工商税务等行政执法过程、政府的政务公开和财务公开等。社会协商以其空前的广泛性和巨大的包容性，完成社会利益多元分化下的再整合。党在处理社会协商方面有一定经验，以对话交流、凝心聚力、求同存异为原则的统战工作，本身就具有很强的协商性。党通过运用这种协商的思维和方法，在立法机构、政府决策机构与社会利益之间进行对话协商，保障社会协商健康生成与发展。

最后，公民层面的基层协商，有效补足公民自治这一国家治理的基层环节，促进社会善治。基层协商主要发生在与群众切身利益相关的领域，许多基层地方都建立了群众自治过程中的协商议事制度。比如，民主恳谈会、社区议事会、居民代表会等，此外，还有便民服务窗、民情直通车等服务群众事务的创新形式。真正开展形式多样的基层民主协商，推进基层协商制度化。2015年《关于加强城乡社区协商的意见》出台，对城乡社区协商给予了指导性规范，包括总体要求、主要任务和组织领导三个部分。积极推进形式多样的基层民主协商，需要深入基层乡镇社区，了解群众所思所想，积极拓展群众有序的政治参与渠道。基层协商是社会主义协商民主体系的薄弱环节，相较于政治协商和社会协商的制度化程度而言，基层民主协商还停留在遍地开花、各行其道的探索和尝试阶段。尽管近些年来涌现出民主恳谈会、议事会、参与式预算改革等多种基层民主协商的不同形式，然而，缺乏规律性研究和长效制度建设依然是制约基层协商民主发展的主要因素。

（二）基层协商民主制度是基层群众自治制度的创新发展

中国古代有云"皇权不下县"，国家权力和社会自我管理之间保持着自觉的距离。政治力量的强大不能完全取代社会运行的天然秩序，也不能代替人民群众协商解决自身利益诉求的自然法则。因为人类的社会交往是一种本能，有效管理自身事务是民主能力的体现，也是民主观念的践行。由此，新中国的制度建构为社会自治留有足够空间。改革开放后，基层群众自治制度不断完善，各地涌现出丰富多样的基层民主形式，群众自治生机勃勃。随着政治体制改革的深入推进，基层民主成为国家民主的重要组成部分。各项自治制度和法律法规不断完善,基层自治深入推进。1982 年,城市居委会和农村村委会作为基层群众自治组织被写入宪法。基层民主作为国家民主制度体系的一部分正式被确定下来。党的十七大将"基层群众自治制度"首次写入党代会报告,正式与人民代表大会制度、中国共产党领导的多党合作和政治协商制度、民族区域自治制度共同纳入中国特色政治制度的范畴。党的十九大报告提出,要继续坚持这四项政治制度,并持续发展社会主义协商民主。我国的基层民主建设以群众自治制度为制度依托,基层群众自治制度追求基层民主的精神内核,二者相互依存、相互促进。基层民主是与群众切身利益距离最近的民主形式,人民通过基层民主形式管理自身事务,实行城市社区居民自治和乡村村民自治。

党的十九大报告指出:"巩固基层政权,完善基层民主制度,保障人民知情权、参与权、表达权、监督权。"① 基层协商民主发生在基层群众自治领域,是基层民主制度的有效实现形式。基层协商民主在理论和实践上很好地解释了巩固基层政权和完善基层民主的辩证关系。首先,基层协商民主是解决与群众利益相关问题的有效渠道,能够有效回应多元利益诉求,拓宽基层群众的问题解决渠道,是基层民主的有益探索,提高了基层群众自治的能力和水平。党领导群众通过协商的方式解决了群众的困难问题,基层党组织在群众中的权威自然增强,基层党组织的战斗堡垒作用得到凸显,基层政权得到进一步巩固。其次,基层党组织引导群众熟练掌握协商技巧、妥善解决利益诉求,使基层政权得到巩固,基层党组织的战斗力不

---

① 习近平. 决胜全面建成小康社会 夺取新时代中国特色社会主义伟大胜利:在中国共产党第十九次全国代表大会上的报告 [M]. 北京:人民出版社,2017:37.

断加强。通过工作形式、方式方法的创新，基层党组织有更大的作为空间，也会探索出更多实现基层民主的有效方式，健全和完善基层民主制度。

基层民主制度与基层群众自治制度的发展始终是相伴相生的，如果基层民主缺乏具体的操作手段，基层群众自治制度就缺乏有效的载体。长期以来，基层民主适用范围不断扩大，内容不断丰富，但实践中存在的问题和困境也在不断增多。城市社区和农村是社会治理的"神经末梢"，社会急剧变革导致涉及群众切身利益的事务繁多复杂。加之社会阶层与行政层级之间交融、分化、重组，导致基层自治的边界模糊不清，仅仅依靠自治解决多元格局下复杂的利益问题明显乏力。自下而上的社会诉求和自上而下的国家权力之间逐渐形成张力，甚至在偶发事件中显得剑拔弩张。国家与社会在基层自治的空间内出现了微妙的博弈，其背后的逻辑关系是：国家追求的逻辑出发点是制度的民主化，而社会追求的出发点是民主的制度化。① 国家追求"权力"的合法性，社会追求"权利"的合法性。基层民主恰恰处于这个博弈空间之中，其效能发挥受到限制，需要更加有效的顶层设计。基层协商民主的发展恰逢其时，它同时容纳了权力和权利，并创造性地解释了二者的关系，用协商的方式将民主权利诉求上升为人民当家作主的制度权力，成为实现基层民主、推进基层群众自治的有效催化剂。

基层协商民主制度在基层群众自治制度的基础上进一步丰富和完善。基层党组织领导多元社会力量通过协商实现自治，这是迈向成熟完善的基层群众自治制度的重要创举。协商议事是基层民主建

---

① 林尚立. 公民协商与中国基层民主发展 [J]. 学术月刊, 2007 (9)：15.

设的有效抓手。通过协商，群众的民主议事能力得到进一步提升，基层民主程序得到进一步完善。通过基层协商民主的实践，充分保障基层群众对公共事务的知情权、参与权、表达权、监督权。

三、社会领域：创新治理方式，着力改善民生

党的十九大报告在"提高保障和改善民生水平，加强和创新社会治理"部分要求打造共建共治共享的社会治理格局。基层协商开创了社会治理的新局面，有效释放了社会活力，真正实现了政府、社会、公民的良性互动，是构建人民共建共治共享社会治理格局的有效手段。在社会治理的视角下，民生是最大的政治。基层党组织通过协商解决好群众的民生问题，实现民治和善治的有效结合。

（一）刚柔并济，预防和化解社会矛盾

基层社会是利益矛盾的终端，群众利益无小事，桩桩件件都事关老百姓的生活实际，群众问题解决得不好，影响党群关系、干群关系，甚至可能酿成社会事件，威胁社会稳定和长治久安。群众工作是基层党组织需要投入大量时间和精力的重要工作。

在传统社会管理采取多数决策的机制下，少数人和弱势群体的利益很难得到兼顾和平衡，利益决策机制缺乏必要的弹性。而协商民主正好弥补了这一刚性决策机制的不足，通过柔性和弹性的协商方式照顾多元利益群体诉求，赋予每个社会成员以合适的机会平等表达民主诉求，这种参与的资格与协商本身一样有意义。"团结精神

愈弥漫，愈紧密，民主也就愈能持久，愈能经受最严重的内部冲突。"① 协商民主运用柔性协商手段避免刚性冲突，促进社会的团结精神。刚柔并济的新型治理手段，有利于缓和社会矛盾。现代政治文明条件下，实现政治稳定和善治，不能仅仅依靠刚性手段，应当刚柔并济，充分利用民主协商的形式来增强国家治理能力。我国选举民主与协商民主有机结合取得了良好的治理效果，形成现代民主政治的"中国智慧"。

（二）协调缓冲，提升政府公信力

协商治理既是治理技术也是治理艺术，基层党组织通过协商的手段有效解决了群众利益矛盾问题，既是对现有体制的创新和发展，更是解决基层社会治理难题的新思路和新办法。基层党组织搭建协商平台，引导多元利益主体公开协商、平等对话，有效解决问题，促进了政府公共决策实现"以人民为中心"并接受人民监督。地方政府通过群众协商解放了自身手脚，减轻了责任。政府的精力从处理众多的事后上访，转变为主动协商，减少决策失误，得到群众支持和理解，提升公权力的合法性，提升政府公信力。未经协商的政府往往陷入利益协调的泥潭，群众未能充分表达意见就被告知处理结果，无论什么结果群众都会因对决策过程的不满而产生对政府行政能力的不满，政府的公信力受到损害，得不偿失。相反，政府如果可以通过党组织搭建的协商平台，将利益相关者集中起来，有效倾听多方需求，就可能达成普遍认可的社会共识。政府扮演仲裁人的角色，在协商过程中根据双方或多方共识进行确认并执行，实现

---

① ［美］科恩. 论民主［M］. 聂崇信，朱秀贤，译. 北京：商务印书馆，1988：50.

社会治理现代化的善治要求。

（三）有序有效，扩大政治参与

协商民主的基础是广泛的政治参与。组织者广泛动员协商议题的相关利益群体参与到决策过程中，通过论辩和审议达成相对共识。若没有充分的政治参与，不能形成协商的足够基数，也就无法保证协商效果的民主化，原本设想的协商过程就演变为组织者一厢情愿的"独角戏"。现代民主政治的重要标志在于自由的政治理念和广泛的政治参与。传统政治只容纳了小范围的社会公众参与，但现代政治必须最大限度地容纳公民进行参与、协商和决策。政府应当转变施政理念，不再一厢情愿地认为群众需要什么就去做什么，而是通过对话真正了解社情民意，问问群众"你需要什么"，而不是替群众决定"我认为你需要什么"。行政理念逐步从"为民作主"向"以民为主"转变。"知屋漏者在宇下，知政失者在草野"，基层治理效果如何，群众的评价是最真实的。

通过广泛的政治参与，群众的民主素养和民主能力不断提升。任何因基层民众的文化、能力不够而拒绝政治参与的说辞都是荒谬的。我党在革命年代就认识到"不能因国民文化程度不高而拒绝民主，应用民主政治教育人民"①。随着经济社会发展特别是网络和信息化时代的来临，公民政治参与的愿望和能力日益增强。"在现阶段的中国，引入和倡导协商民主，将可避免动员型被动式政治参与的弊端。"② 协商民主平台为广大群众参与社会治理提供舞台，避免无序激进的参与形式，提高微观善治的民主程度。从这个意义上讲，

①　民主政治问题［N］. 新华日报，1939-02-25.
②　陈剩勇. 协商民主理论与中国［J］. 浙江社会科学，2005（1）：26-30.

协商民主"唤起了理性立法、参与政治和公民自治的理想"①。

（四）群策群力，科学民主决策

协商民主能够充分改善决策质量。以人民为中心，不是喊口号，而是实实在在地与人民群众商量办事，这是基层协商治理的核心。人民是历史的创造者，现代社会治理中更应当突出人民的作用，群策群力。任何"拍脑袋"决策的行为，往往忽视了人民群众的智慧。殊不知"群众是真正的英雄，而我们自己则往往是幼稚可笑的，不了解这一点，就不能得到起码的知识"②。协商的决策过程能够包容所有参与决策的协商主体，确保他们平等参与协商，并形成公共决策，无人具有超越决策过程的特权。"中国有句老话，叫多谋善断、集思广益。多谋不是少数人谋，而是大家谋；善断也不是少数人断，而是大家断。"③ 与群众直接讨论和协商，有助于更好地理解社会成员的利益，以及成员间的共同特性如何与这些利益相关联。通过这种方式，决策者能够获得真实而全面的信息，通常有利于做出更科学民主的决策。

另外，从社区发展的角度看，更多的权利协商、发展规划协商、行政事务协商等，能够充分发挥民智，开门搞建设，广纳良言、群策群力、共谋发展、善言善治。"经过反复协商，不仅可以推进公共事务进程，还可以对框架和程序作出修订，如是自反性地循环，推

①　[美] 詹姆斯·博曼，[美] 威廉·雷吉. 协商民主 [M]. 陈家刚，等译. 北京：中央编译出版社，2006：36.

②　毛泽东. 毛泽东选集：第 3 卷 [M]. 北京：人民出版社，1991：790.

③　中共中央文献编辑委员会. 彭真文选 [M]. 北京：人民出版社，1991：507.

进公共领域进化发展。"① 现代社区治理中，协商民主过程就是这样的自反性协商，不断对公共事务的科学性和合法性进行推敲，锤炼公民的民主参与能力，提升政府的回应反馈能力。

---

① ［美］詹姆斯·博曼，［美］威廉·雷吉. 协商民主 ［M］. 陈家刚，等译. 北京：中央编译出版社，2006：50.

第二章

基层协商民主与社会治理的嵌入关系

　　全面深化改革的总目标是国家治理体系和治理能力的现代化，这是中央面对改革开放四十多年来不断涌现的社会问题和治理难点提出的统领全局的战略构想。从管理到治理一字之差，体现了党与社会关系的良性转型。尊重多元，平等对话，共商共治，是协商治理的应有之义。美国学者乔·萨托利认为："政治结构有纵向性与横向性之分。纵向性体现为权力、统治、命令、强制、政府、国家；横向性体现为公众舆论、参与、选举、公民表决。"① 协商民主显然是横向性政治的结构资源，其在纵向结构设置不同协商渠道满足各层级的协商要求。从管理到治理，就是从纵向性政治结构逐渐走入横向性政治结构，从自上而下的行政管理走向横向参与的协商治理。社会自主性的发展和非政府组织的发展使得"政府对社会突破传统的政治统治社会的'统治'范畴，而形成了政府与社会合作治理社

---

　　① ［美］乔·萨托利. 民主新论［M］. 冯克利，阎克文，译. 北京：东方出版社，1993：134.

会的'治理'范畴"①。社会治理效果评估是综合性的指标体系，群众的满意度是最明确的指标。协商民主的治理方式把群众作为治理的主体之一融入协商过程，落实了群众的知情权和参与权，减轻了政府的无限责任，拓宽了群众的政治参与渠道，成为缓和社会矛盾、增强社会凝聚力的良好平台。可以看出，基层协商民主与社会治理的嵌入结构，是二者的自然相遇。协商民主是社会治理的有效手段和必要工具，社会治理是基层协商民主的主要发生领域。在社会治理创新的大背景下，多元、平等、理性等协商精神是社会治理者和参与者的共同追求。

社会治理的核心是人民最关心最直接最现实的利益问题，而这些问题都集中在基层社会，社会治理和基层协商民主相互嵌入、相互促进。十九大报告将社会治理创新和人民对美好生活的向往紧密结合起来，提出社会主要矛盾已经转变。中国特色社会主义进入新时代，"新时代我国社会主要矛盾是人民日益增长的美好生活需要和不平衡不充分的发展之间的矛盾，必须坚持以人民为中心的发展思想，不断促进人的全面发展、全体人民共同富裕"②。以人民为中心的发展思想贯穿社会治理的全过程，需要进一步嵌入协商的要素，为人民谋幸福。"现代治理是一种为实现系统目的的体系性努力。"③协商民主嵌入社会治理，是党为实现"人民对美好生活的向往"这一系统目标的体系性努力的重要制度设计。协商治理作为当前社会

①　俞可平. 治理与善治［M］. 北京：社会科学文献出版社，2000：1-15.
②　习近平. 决胜全面建成小康社会　夺取新时代中国特色社会主义伟大胜利：在中国共产党第十九次全国代表大会上的报告［M］. 北京：人民出版社，2017：19.
③　［英］凯特·纳什，［英］阿兰·斯科特. 布莱克维尔政治社会学指南［M］. 李雪，吴玉鑫，赵蔚，译. 杭州：浙江人民出版社，2007：42.

治理的主要手段，是由全面综合的系统要素决定的。社会高速流动和人口迁移使不同群体间的协商治理成为必要选择；社会的组织化、去组织化、再组织化过程使协商治理成为必需；新型城镇化打破了传统的城乡二元治理结构，使协商治理成为现实；社会治理促进行政职能转变，扁平化治理为协商治理提供了更大空间。

一、协商治理之必要：从乡土中国到流动中国

我国基层群众自治制度规定，群众自治主要发生在三个领域：城市社区居民自治、乡村村民自治、企业职工自治。与之相对应的自治机构为：居民委员会、村民委员会、企业职工代表大会。城、乡、工领域集中了人民群众最关心、最现实、最直接的利益问题。从顶层设计层面引入协商机制解决治理难题，成为当前最有效最现实的方案。

（一）城乡人口流动倒逼协商治理

随着新型城镇化建设的推进，中国大批农村剩余劳动力涌入城市，带来人类历史上最大规模的人口迁移流动。新时代的中国，不再是费孝通先生笔下的乡土中国。传统以家族为单位的社会结构逐渐被人的自由流动所打破，"乡土中国"逐步转型为"流动中国"。人在流动、生产要素在流动、资本在流动、信息在流动、价值在流动。几千年来以农业文明为核心的传统社会结构逐步瓦解，取而代之的是以市场和资源为导向的人口流动与重组。

中国是世界上国内流动人口规模最大的国家。《国家新型城镇化报告2015》显示："从1978年到2014年，我国城镇常住人口由1.7

亿人增加到 7.5 亿人，城镇化率年均提高约 1 个百分点，城市数量
由 193 个增加到 653 个，城市建成区面积从 1981 年的 0.7 万平方公
里增加到 2015 年的 4.9 万平方公里。"① 人口流动的规模之大，范围
之广，程度之深，是中国历史上前所未有的。在这期间，城市吸纳
了大量的农村劳动力转移就业。2016 年中国流动人口数量达到了
2.45 亿人。根据国家统计局发布的《人口规模持续扩大　就业形势
保持稳定——党的十八大以来经济社会发展成就系列报告之十八》，
2020 年我国流动人口达到空前规模的 3.76 亿人。大规模的人口流动
带来了城市发展巨大的人口红利，进而造就了中国庞大的内地市场
和经济总量。在人口、资本和科技这三大经济拉动要素中，人口无
疑成为过去中国经济增长的主动力。

　　尽管流动人口为中国经济社会的发展贡献巨大，然而与之相配
套的社会权益却难以得到全面维护。未来几年，3 亿规模的流动人
口，给社会稳定带来考验，流动人口的生存现状也引起高度关注。
人口流动愈是活跃，愈加凸显国民待遇、市民待遇、居民待遇和社
会融合问题。如何让这些已经进入城市却依然被边缘化的流动人口
进入社会主流，消除歧视，真正"变'他们'为'我们'"，已成
为政府迫在眉睫的重要任务。"不患寡而患不均，不患贫而患不安"，
人的生存权和发展权不应因境遇和地域的区分而有所偏向。马克思
倡导的人的自由全面发展，是社会主义的终极价值，每个劳动者在
实现社会价值和创造社会财富的过程中，也应当享受这个社会的友
善回馈。所谓权利公平、机会公平、规则公平，就是用相对平等的
权重系数，去弥合人均占有社会资源的不平等。既然社会资源的总

---

① 李博.《国家新型城镇化报告 2015》出版 [N]. 中国经济导报，2016-04-20（1）.

量是一定的，每个人占有的比重不同，这一事实在社会发展中不可避免，那么，我们就需要顶层的制度设计来设定标准。一个公平合理的参照系至关重要，让每个公民享有平等的参与公共事务的权利至关重要。

中国坚持走以人为核心的新型城镇化道路，加快推进农业转移人口市民化，实现基本公共服务常住人口全覆盖，切实维护发展流动人口的合法权益，促进与当地居民的社会融合，不断增强社会公平。合理引导人口流动，有序推进农业转移人口的市民化，中国走新型城镇化道路已经取得了一些重要经验。坚持以人为本、公平共享的原则，中国加快推进了户籍制度改革，创新完善人口管理制度，构建农业转移人口市民化的机制，促进人口有序流动、合理分布和社会融合，特别是农村转移人口进入城市以后最关键的要解决他们相对稳定的就业问题，使他们在城市能够安居乐业。在进入城市之前，中国劳动人事部门要对这些人员进行技术培训，使他们掌握进城就业的技能，同时加大社会保障的力度，扩大覆盖范围，推进农村转移人口享有城镇基本公共服务。推进基本公共服务的均等化，保障流动人口的各项权益。

各级党委、政府在积极推进基本公共服务均等化的同时，区域之间发展不均衡、不充分的问题依然不可避免，不断倒逼协商治理。劳动创造价值，劳动者权益理应受到保障。我们身边有太多的外卖员、服务员，离开本乡故土，携妻儿老幼，从零开始创造美好生活。流动人口要想在城市立足，单凭微薄的收入可谓杯水车薪，他们需要更多的社会保障。我们关注的应当是他们真正需要的。"既来之，则安之"，体面劳动，幸福生活，就能在城市扎下根。城市社区如何真正容纳这些流动的人口和家庭，让他们与本地居民一样享受公平公正的社会待遇。乡村大规模的人口流出后，留守的老人、妇女、儿童的生活如何得到保障，得到什么标准的保障。各行各业都存在人口的流动，如何保障他们的劳动尊严、安全和待遇等问题，都需要基层党组织动员群众进行积极的协商。党委政府主导、群众参与、充分表达、协商自治，才能将措施落到实处，不断满足人民对美好生活的向往，满足"流动中国"的人的基本需求，进而达到社会的和谐有序。

（二）人才流动呼唤行业协商

人的因素是"流动中国"最重要的因素，一个健康的社会体制应当允许人的合理流动，并且保障各行各业的劳动者体面劳动、幸福生活。十九大报告对劳动者的权益保护提出了全面的论述："破除妨碍劳动力、人才社会性流动的体制机制弊端，使人人都有通过辛勤劳动实现自身发展的机会。完善政府、工会、企业共同参与的协商协调机制，构建和谐劳动关系。"[①] 需要认识到，流动人口不一定只有边缘和弱势群体，还有一部分国内流动甚至国际流动的人才是社会建设的生力军。

只有能留住人，才能事业兴。"努力形成人人渴望成才、人人努力成才、人人皆可成才、人人尽展其才的良好局面，让各类人才的创造活力竞相迸发、聪明才智充分涌流。"[②] 人才的流动需要体制机制的保障，需要政府、工会、企业、行业协会等组织形成合力，才

---

① 习近平. 决胜全面建成小康社会　夺取新时代中国特色社会主义伟大胜利：在中国共产党第十九次全国代表大会上的报告 [M]. 北京：人民出版社，2017：46.

② 习近平. 决胜全面建成小康社会　夺取新时代中国特色社会主义伟大胜利：在中国共产党第十九次全国代表大会上的报告 [M]. 北京：人民出版社，2017：64.

能逐渐破除人才流动的壁垒，解除后顾之忧，给人施展才华的机会。

人才流入比较集中的地区，先行先试了很多协商治理、协商自治的渠道和手段，一些区域性、行业性的协商案例不断涌现。协商民主的观念和行动贯穿企业行业协商的始终。第一，工资协商坚持协商民主的基本原则，以平等理性的方式开展。理查德·伊利就在其著作《美国劳工运动》中指出，"劳动力的三个特征可以说明工人在劳动力市场中所处的不利地位：工人的谈判力量不对等，管理者的独裁以及工人的经济地位无保障"①。企业工会代表工人利益与企业经营者进行谈判，双方的力量明显不对等，无法形成有效协商。如果多家企业的工会联合形成行业工会，行业工会的力量迅速扩张，形成强大有力的谈判主体，与企业经营者进行工资协商时就从组织力量上争取了平等，有利于维护自身合法权益。第二，通过规范多种协商形式，保障协商实效。例如，浙江温岭的工资协调就是在民主恳谈的基础上增加了专题协商的职能，扩充了民主恳谈的议题和内容。"民主恳谈会实际上是政府决策的公开听证会，官员和公民的平等对话会，也是不同利益群体之间的协调沟通会。民主恳谈会通常由乡镇、村或乡镇部门党组织主持，广大的群体或相关的代表参与。"② 工资行业协商也是一种变相的民主恳谈，同样是由政府组织，行业工会召集劳资双方参与，集中在行业规定和价格等具体议题上进行平等的商讨、审议、谈判，以规范的协商流程形成完善的协商机制。第三，积极促成协商结果达成普遍共识。集体协商之前，

① 王一江，孔繁敏. 现代企业中的人力资源管理 [M]. 上海：上海人民出版社，1998：20.

② 郎友兴. 商议式民主与中国的地方经验：浙江省温岭市的"民主恳谈会" [J]. 浙江社会科学，2005（1）：31-36.

职工工资的多少往往是企业根据自身的生产经营而单方面定价的，企业职工没有任何话语权，利益得不到保障，工资的定价也没有合法性。而经过协商之后的定价就具备了集体决策的合法性，尽量达到双方都能满意的中间结果，这样，工资制定的程序和结果也就赋予了集体决策的合法性依据。

除工资问题外，一些企业流水线上的职工工伤问题、职业病危害问题、食宿标准等也是经常需要协商的问题。总之，在企业党组织的领导下，区域性的、行业性的企业协商自治，能够全方位维护职工的生产生活权益，保障他们没有后顾之忧，为社会创造财富和价值，也体现了中国共产党是工人阶级的先锋队性质。

二、协商治理之必需：从单位人到社会人

从传统到现代，中国的社会治理结构经历了不同时期的嬗变，几经转型以符合社会发展的需要。社会治理结构呈现组织化、去组织化、再组织化、再去组织化、再组织化等循环往复的周期。

（一）组织化、去组织化和再组织化

社会结构是群体性文化内核的外在表现形式，往往会被特定时期的文化形态所塑造。中国传统社会的文化内核是传统农业文明，其最小结构是家庭，整个社会是依靠血脉亲情来凝聚的，因而具备高度的内部稳定性。家庭构成的宗族是稳定的，宗族形成的民族是稳定的。只要文化系统不崩塌，社会结构的基本构成单元就不会破碎，社会基础就牢不可破。基层社会治理从理念到制度都高度依赖家族制结构，在家族权威影响下基层社会高度自治有序。

中国传统社会格局受到近代之后的外力冲击发生根本性改变，中国共产党领导中国人民取得民族民主革命的伟大胜利。政治革命引发社会革命，彻底改变了"家国同构"的传统格局。中国共产党通过土地革命等方式彻底打破了原有的雇佣关系和封建等级制度，以强有力的基层党组织凝聚农民大众，人民当家作主在社会治理的意义上真正实现。随后的计划经济时期，为最大限度地集中力量建设社会主义，组织化的社会结构出现。在城市，企业职工社区构成城市治理的基本单元。在农村，农村集体经济组织构成基本的生产和治理单元。

随着改革开放的推进、市场经济的发展和城市社会的变迁，所有制结构多元化、分配方式多样化，社会阶级阶层结构分化等特点使得利益群体不断分化，多元社会成为时代发展的必然。传统单位制无法适应市场经济带来的社会多元化浪潮，逐步走向解体。人们手中的"铁饭碗"被打破，单位制消解，社会由零散个体组成，每个人都是独立的利益诉求主体，都可以是自身利益的代言人。中国改革开放的进程逐渐加快，由于全球化、互联网、新媒体、新能源、人工智能等因素的影响，已经进入"个体化社会"。个体化社会加速了基层社会"去组织化"趋势。① 在基层社会普遍去组织化的同时，社会结构又呈现"随机组织化"的形态。现代城市社区由不同成分的新市民构成，包括传统的"单位人"、由"单位人"转变而来的"社会人"、城镇化进程中城乡之间流动的"新市民"以及境内外流动的"新国民"等组成。社会成员的复杂成分给社区治理带来巨大

---

① 祝灵君. 再组织化：中国共产党引领基层治理的战略选择［J］. 长白学刊，2016（6）：8.

考验，基层党组织及时作为，在社区治理中嵌入利益协商机制，保障不同群体的不同利益诉求得到有效解决，实现有序"再组织化"，以基层党组织和党员的力量引领社会治理新格局。

（二）"社会人"构成多中心社区治理

公共管理学对治理的界定是："在一个既定的范围内运用权威维持秩序，满足公众的需要，治理的目的是在各种不同的制度关系中运用权力去引导、控制和规范公民的各种活动，以最大限度地增进公共利益。"① 现代社会多元利益分化，维持公共秩序、增进公共利益已经不能单靠党委政府的权威来解决，需要合力实现。现代治理的核心要素是多元主体。主体的多样性，基于人需求的多样化。多中心治理理论就是基于这样的理论基础。社会治理是复杂的多元系统，包含一定范围内公共组织或私人组织的若干子系统。国家与社会、政府与市场、政府与公民、社会与公民之间，构成社会治理的多个中心，这些治理中心之间围绕公共利益相互交叉，形成多维度、多层次的治理格局，存在较大的博弈和协商空间。现代治理中的社会治理主体多元化，造成社会治理过程不再是单向度的，而是越来越趋向于多中心、多向度、多角度的社会治理格局。

城市社区是社会治理的最小单元，多中心治理理论在社区治理方面体现出越来越重要的意义。在新兴社区的人际关系中，"刚从'单位人'中摆脱出来的'社区人'还无法形成一种自主性治理，加上外来流动人口的进入，尤其是在以年轻人为主的新生城市社区当中，现代城市人群的交往方式发生了根本性改变"②。利益关系的

---

① 俞可平. 治理与善治［M］. 北京：社会科学文献出版社，2000：5.
② 韩福国. 基层协商民主［M］. 北京：中央文献出版社，2015：24.

群体化和社群化带来多中心治理的显著转变。治理主体不再是传统模式中的政府或者政府的派出机构，而是社区组织、居民、辖区单位、其他非营利性组织；治理手段不再是强制化的行政手段，而是转为与群众进行协商；治理结构网络化、复杂化、精细化。成熟的社区治理，是政府对公共事务的网络化治理模式，是多元利益格局的治理模式，是以最小成本实现最大限度公共利益的治理模式。

社区治理的多中心转向要求城市管理者完成从管理到治理的转变，调动社区及其相关的政府组织、社会组织、居民自治组织形成社区治理合力。首先，开展多中心社区治理要着力完善基层群众自治制度。基层群众自治制度是我国四项基本政治制度之一，以村民委员会、居民委员会、企业职工代表大会为主要形式。完善基层群众自治制度要有实践载体，那就是以最大限度满足群众实际需求为导向，构建切实可行的操作机制。城市社区治理事无巨细，涉及大量关系群众切身利益的实际问题。社区居委会工作繁杂，却很难得到居民的理解。究其原因，首先，就是社区治理定位不清，公共服务严重缺位。社区居委会作为自治组织，是沟通群众与政府之间的桥梁。居委会与物业公司联合为群众搭建社区社会管理服务平台，提供公共服务。居民自治组织权力有限，却可以通过加强群众互助、社会公益、建立社区组织的指导和服务，有效撬动社会力量，通过多元社会治理向政府反映诉求，平等协商解决问题。其次，街道应当合理整合社会资源，为居民自治让位。街道作为政府的派出机构，在基层社会治理中长期扮演"准政府"的角色。街道的主要职责是综合协调各方面实现综合治理，不是简单复制政府行为模式的单向度治理。因此，街道要统筹设计社区自治的规则，孵化社会组织承担社区义务和责任，整合与群众利益密切相关的职能部门，共商共治，多元联治，综合治理。最后，要发挥社会组织和辖区企事业单位的协同作用。大多数社会组织在登记和管理的过程中需要通过层层关卡，"分级登记、双重管理"等规定导致社会组织的登记注册难度大。大力培育和孵化社会组织，应当本着鼓励发展和监管引导并重的方针，引导和推动社会团体、行业组织、中介机构等志愿团体通过参与公共事务而不断发展壮大，提高它们在社区治理中的协同能力。民政部门应适当降低社会团体的准入门槛，鼓励居民通过社会组织和中介机构解决困难问题，也鼓励妇女、儿童、弱势群体保护组织依法介入公共生活，维护群众合法权益。政府有效改善辖区内的企事业单位工会制度，维护职工合法权益，鼓励和引导企业支持社区建设、环境整治等公共活动。

三、协商治理之可行：从城乡二元体制到新型城镇化结构

改革开放以来，我国的工业化和城镇化进程相伴而生。根据国家统计局发布的《新型城镇化建设扎实推进　城市发展质量稳步提升——党的十八大以来经济社会发展成就系列报告之十二》，2021年年末，常住人口城镇化率达到 64.7%。从城镇化发展规律来看，未来一二十年，中国还将处于城镇化快速发展阶段。按照十九大报告的发展规划，到 2035 年基本实现社会主义现代化，城镇化率将会达到中等发达国家水平，城乡生活和收入差距将会进一步缩小。也就是说，未来的十余年是中国城镇化率直线上升的时期，也是城镇化进程中的社会矛盾和问题集中爆发的时期。

高速发展的新型城镇化进程给城市治理带来种种难题，也给农村社会带来一系列流动问题和留守问题。在新型城镇化和大规模人口流动迁移背景下，中国社会治理面临一系列重大课题，如引导人口有序迁移，使人口分布与产业布局、资源环境承载力相适应；为新型市民提供均等的公共服务，促进社会融合；关心和保护农村留守老人、留守妇女、留守儿童，促进其家庭和谐等。这些城镇化的"身后事"处理得如何，直接关系到我国的城镇化发展水平和人民生活质量，也是中国式现代化成功实现的重要指标。新型城镇化是一个动态过程，协商治理范围涉及不同群体间的利益协商、社会融入协商、流出地乡村文明建设和协商自治等方面。

（一）妥善引导利益协商

新型城镇化建设是一项系统工程，包括征地拆迁、旧城改造、搬迁安置、产业布局等综合要素，每个环节都涉及群众的切身利益。如果盲目刚性推进，容易造成利益冲突，引发基层党组织的治理困境。例如，基层党组织的权力边界和协商空间在哪里？如何才能以科学和缓的方式处理发展中的矛盾问题？如何达成各方利益之间的均衡和妥协，实现有效协商？

地方政府运用协商民主的方式处理这些城镇化进程中的群体利益问题，为持续膨胀的社会张力提供了舒压渠道。例如，城市搬迁安置过程中，一些地方陆续出台细则和方案，通过与群众的具体协商一条条一项项去落实，有争议的地方再协商修改，直到群众满意为止。中央电视台曾跟踪报道北京大兴国际机场的征地拆迁过程，受到社会广泛关注。新机场之所以能顺利拆迁，达到无一户上访，就是由于成功运用了群众协商，真协商、广协商，最终拆迁群众均得到妥善安置。

北京大兴国际机场选址位于南郊的榆垡镇、礼贤镇和河北省交界的几个乡镇，建设期5年，2019年建成投入使用。在划定区域内，有20余个村面临征地拆迁，光是涉及榆垡镇、礼贤镇的村民就有两万余人。个别村民为了多拿赔偿款，在拆迁过程中抢建房、抢种粮，打足了小算盘。其他人受其影响，认为不抢就吃了亏，于是形成了一股抢建风潮。经过长期的酝酿和双方的协商，大兴区政府在破除抢建这个难题上提出原则：政府不多花，百姓不少得，不让老实人吃亏。设置空地奖和垃圾减量奖。同时，坚决打击违法行为，组织上百人拆除违规抢建的房屋，维护公平正义。经过细致到位的前期协商，2015年7月至9月村民相继签约，大兴13个拆迁村累计签约7005户，搬迁村民近两万人，签约率达100%，达到零上访，这是非常不易的。这一首都地区的大型征地拆迁案例的成功解决，对全国类似事件的紧急处置具有积极示范意义。其中，基层协商民主的运用起到了关键作用。政府的决策不可能让所有人一次性满意，但必须制订出让多数人认可的公平合理的方案，然后针对具体情况进行多轮多次的协商，最终达到相对公平的、群众满意的结果。

（二）加强社群融入性协商

城市治理如何促进流动新市民的社会融合是我国人口发展中的重大问题，也是关系国家长远发展的战略问题。流动人口社会融合关系到经济发展方式转变、城乡统筹发展、社会和谐稳定的大局，影响我国当前和未来一个时期区域发展、产业布局、生态建设及政府社会治理与服务的模式。《国家新型城镇化规划（2014—2020年）》提出，要促进城市社会融合，使农民工融入企业、子女融入学校、家庭融入社区、群体融入社会。《"十四五"新型城镇化实施方案》在《国家新型城镇化规划（2021—2035年）》的基础上，提出"坚持以工补农、以城带乡，以县域为基本单元、以国家城乡融合发展试验区为突破口，促进城乡要素自由流动和公共资源合理配置，逐步健全城乡融合发展体制机制和政策体系"。

党的十八大以来，国务院相关部门、地方政府在维护农民工权益，改善其工作、生活条件，加强社会管理等方面出台了一系列政策措施，为农民工社会融合奠定了良好基础。一是在新型城镇化进程中重点推进新型市民化；二是落实基本公共服务均等化；三是提高服务水平，构建社区流动人口综合服务保障机构；四是充分释放社会活力，推进社会治理现代化。大规模的人口流入带来不同社会群体之间的利益诉求和矛盾纷争是关系到社会稳定的重大问题，也是影响经济社会永续发展的关键问题。流动人口需要在工作和生活的方方面面融入新环境，必然会经历艰难的磨合过程。企业或社区党组织积极引导流动人口与本地居民协商互通，加快融合过程、协商解决矛盾、促进社会和谐。流动人口的社会融合需要党委政府、社会、企业的多方面参与，以及不同社群之间的尊重、理解、包容。需要进一步有效发挥政府主导、社会协同、公众参与的多元格局，逐步建立政府主导、多元主体共同参与的现代社会治理机制。另外，党组织要重视发挥社会组织促进社会参与的正面作用，引导社会组织在新市民家庭和城市市民家庭之间充当润滑剂，使新市民和城市市民在心理层面存在的一些隔阂和不认同逐步化解。社区党组织要帮助流动人口解决合法权益保障、民主权利履行、入党入团等政治参与问题，帮助农民工解决城市文化生活习惯养成、社会身份认同、社会责任培养等问题。

中国古语有云，"既来之，则安之"。人口流动迁移是现代社会城镇化进程的重要表现和时代特征。对城镇化进程中的农民工群体而言，人来了，还需要诸多配套制度和政策的保障，才能真正"进得来、住得下、融得进、过得好"，才能"安其居、乐其俗"；从国家治理现代化的目标而言，真正意义上的现代治理，需要以人为本的情怀、开放共享的理念、公平发展的愿景。新型城镇化是人的城镇化，国家现代化是人的现代化。

（三）探索村民协商自治

我国的新型城镇化进程保障乡土文化和农业文明不会在城镇化中遭到荒废。人口流入地治理非常重要，流出地的新型乡村建设也不能落后，要大力实施乡村振兴战略。传统中国以农耕文明为特点的文化类型，构建了乡村自治模式，并取得了良好效果，实现了"乡土中国"的持续稳定发展。同样，现代社会治理结构中，乡村自治的制度合理性不可忽视，要充分尊重人民群众的主体地位，相信群众自治的能力，人民智慧是解决农村问题的根本之道。"群众有伟大的创造力。中国人民中间，实在有成千成万的'诸葛亮'，每个乡村，每个市镇，都有那里的'诸葛亮'。"① 乡村人才是最了解民情的人，也是现代社会治理要充分尊重和借鉴的智慧之源。基层党组织应当充分挖掘乡土人才作用，与之广泛深入协商乡村振兴之策，真正实现协商治理、群策群力。

实行乡村振兴战略、构建乡村治理体系、实现城乡融合发展，

---

① 毛泽东. 毛泽东选集：第3卷 [M]. 北京：人民出版社，1991：933.

意在不能让农村掉队，要赶上新时代的步伐，发展现代农业，构建社会主义现代化新农村，让农民过上好日子。乡村治理与城市治理模式各有特点，要加强农村基层党组织建设，发挥基层党组织的战斗堡垒作用和先锋模范作用，带领群众摆脱物质贫困和精神贫困的双重困境，发展特色集体经济，构建文明和谐有序的乡村文化。

四、协商治理之可能：从科层化到扁平化

党的十九大报告明确指出打造共建共治共享的社会治理格局，这是一次针对我国原有社会管理弊端的结构性变革。从管理到治理，一字之差，意义相去甚远。社会治理是综合性的指标体系，社会治理现代化是国家治理体系和治理能力现代化的重要组成部分，也是党能力建设的重要方面。社会治理是不断演化和修补的动态过程，党在不同社会发展阶段的治理方式、手段、效果也有所不同。

要实现治理现代化的总目标，对治理的概念把握至关重要。"治理（govern）的本义是统治、支配、统辖，其名词形式之一是government，即政府。然而，在现代法治社会，党与政府以外的社会团体及公民个人参政议政、公民平等参与公共事务、居民自治与互助、公民依宪监督、司法部门监督行政等，都已然超出了政府管治的范围，政府不再是唯一的责任主体，因而有了比government的内涵更为宽泛的governance的概念，用以包含公民社会（civil society）参与国家政治生活。因此，治理，是'治'和'理'的结合，其行为主体不仅是架构于社会之上的政府，也包括社会本身。"① 现代治理的

---

① 李侃如. 治理中国［M］. 胡国成，赵梅，译. 北京：中国社会科学出版社，2010：3.

概念与此理解是一致的，全球治理委员会认为，现代意义上的治理是"各种公共的或私人的个人和机构管理其共同事务的诸多方式的总和，它是使相互冲突或不同的利益的调和并且采取联合行动的持续过程"①。因此，治理是一个动态的综合协调过程，治理不是一种定型的制度，而是持续的公共领域互动。与统治、管理两个概念相比，治理更强调非政府组织、专业性团体、公民力量统筹协调自发形成的社会运行机制。

厘清管理和治理的概念，才能有效探讨党进行社会治理的协商空间。传统管理体制的运作是科层化的，用自上而下的高昂运作成本来维护体制运转，很难产生协商议事的弹性空间。而现代社会治理面向群众纷繁复杂的切身利益，扁平化模式为协商治理提供了广阔的平台和实现路径，使之成为可操作的制度设计。

（一）"成本"与"成就"孰高孰低

传统的社会管理体制沿用了行政管理体制的方式，由严密的科层制构成，基层社会被层层划分。"通过层级化把整个行政区域切成了块块，又通过各层级对应的部门化把块块切成了条条，从而形成了条块结合的体系。"② 诚然，行政管理的科层制有利于提升管理效率，保障自上而下的政令畅通。然而，社会管理与行政管理在管理对象、管理目的、管理手段等方面有本质区别，用传统的行政手段来管理社会，就是忽略了这些区别，用科层制的方法来回应多元社会利益，必然会面临困境。从管理到治理的进步，体现在当政者能

---

① 全球治理委员会. 我们的全球伙伴关系 [R]. 牛津：牛津大学出版社，1995：23.
② 谢庆奎，燕继荣，赵成根. 中国政府体制分析 [M]. 北京：中国广播电视出版社，1995：91.

清醒认识到社会问题的复杂性和多元化，用扁平化的治理手段来回应多元利益诉求，减少科层制社会管理的无效运行，真正实现社会领域的治理变革。

社会治理领域需要解决与群众切身利益相关的实际问题，如果用科层制来层层上传下达，行政成本陡然上升，而且难以满足多种社会需求，群众满意度不高。科层体制内的社会管理者用行政权威来解决民生问题，治理理念的失衡还容易激起社会矛盾，形成对立冲突的形势，是一种成本高、成效差的方式。相反，如果社会治理领域能运用扁平化的治理手段，使得行政管理体制能够准确对接社会自治的领域，明确边界、清晰权责，政府主动交还社会以广阔的自治空间和操作弹性，真正担当起社会诉求的"最后一公里"，最后用科层制解决自治环节之后的利益共识问题，就有足够的时间和精力实现政府的有限责任，提升群众对政府的满意度和公信力，降低行政成本、提高治理成效，实现"小成本、大成就"。

党的十九大报告在十八大报告的基础上用"治理"彻底更替了"管理"的提法，并提出"加强社会治理制度建设，完善党委领导、政府负责、社会协同、公众参与、法治保障的社会治理体制，提高社会治理社会化、法治化、智能化、专业化水平"[1]。在共建共治共享的社会治理格局下，地方政府充分动员社会组织的力量参与社会治理，努力建立一种基于协商、法治、有限政府、公共理性原则基础上的有序分工合作，实现对公共事务"共管共治"的扁平化协商治理格局。

---

[1] 习近平. 决胜全面建成小康社会　夺取新时代中国特色社会主义伟大胜利：在中国共产党第十九次全国代表大会上的报告 [M]. 北京：人民出版社，2017：49.

（二）"大事"与"小事"孰大孰小

行政管理体制是自上而下的庞大的科层体制，维护政府的系统运行，处理大量国家政治生活的"大事"。社会治理体制由党组织、地方政府、社会组织、公民个人共同建立、共同享有、共同维护，扁平化的协商治理模式每天事无巨细地解决百姓日常生活的"小事"。大事与小事孰大孰小呢？小事是否值得重视？是否只需办好大事即可维护体制？值得思考。

中国古代传统政治思想历来强调民本，强调人民之治重于科层体制。现代社会治理更注重发挥社会自治组织的力量，发挥公民自治的优势。严密的科层体制不能解决基层社会鸡毛蒜皮的小事，而实际上，这些小事又反过来影响科层体制的合法性，影响"为了谁、代表谁、依靠谁"的问题，是影响执政根基的大事。正是意识到这一点，国家当前正在进行社会治理变革，建立协商治理体制，强化社会组织协商和公民协商的治理效能。科层体制能办国家的"大事"，却办不了居民社区里日常的"小事"。社区自治组织能办"小事"，却办不了国家的"大事"。然而，对于基层来说，居民社区生活的"小事"重于国家的"大事"，因为"民心"主要系于"小事"而非"大事"。① 中国共产党在革命战争年代就是从办"小事"发展壮大的，为群众谋利益，为劳苦大众谋幸福，最终战胜了维护少数人利益的权贵派，建立了人民当家作主的新中国。

党的十八大以来，以习近平同志为核心的党中央高度关注人民生活，办了很多与群众切身利益相关的"小事"，深深赢得民心，

---

① 潘维. 信仰人民 [M]. 北京：中国人民大学出版社，2017：7.

赢得人民发自内心的拥护和爱戴，自然办好了国家发展和人民幸福的"大事"。十九大报告集中体现了习近平总书记的"人民观"，习近平新时代中国特色社会主义思想将"以人民为中心"摆在突出位置，号召全党同志"党的一切工作必须以最广大人民根本利益为最高标准。我们要坚持把人民群众的小事当作自己的大事，从人民群众关心的事情做起，从让人民群众满意的事情做起，带领人民不断创造美好生活"①。党中央将人民的"小事"当作事关民心向背的"大事"，让广大干部群众深有感触。真正代表人民利益的党，一定是将人民的"小事"放在心头上的政党。党始终以解决人民需要为工作的出发点和落脚点，才能实现中华民族伟大复兴的中国梦。

综上所述，改革开放以后中国加速现代化进程，面临从传统"乡土中国"向"流动中国"的转变，社会问题错综复杂，协商治理的必要性明显增强；单位制的解体和社会人的分离，使得社会利益多元化趋势加强，协商处理多元利益的社会诉求十分紧迫；新型城镇化速度加快，城乡社会治理呈现复杂局面，需要引入协商机制进行社会再组织化；社会治理体制创新带来从传统科层制到扁平化的新格局，给协商治理释放充分的操作空间。

由此可见，基层协商民主和社会治理创新在中国政治社会土壤上自然相遇、相互嵌入，具有应然和实然的双重必然性。首先，良治、善治自古以来就是最高统治者的天然责任；"郡县治，天下安"也表达了基层社会治理对国家大计和社会稳定的基础性作用。通过

---

① 习近平. 决胜全面建成小康社会　夺取新时代中国特色社会主义伟大胜利：在中国共产党第十九次全国代表大会上的报告［M］. 北京：人民出版社，2017：50.

协商对话的方式实现人民当家作主的目标，是人民民主最微观的实现。其次，利益分化是基层社会矛盾的主因，利益协商对话机制在处理社会纷争的功能上效果显著。基层协商民主机制既避免了基层社会治理的权力乱象，又避免了群众诉求无门导致的社会失序，是有效的新兴社会治理手段。党的十八大后，基层协商民主作为社会主义协商民主的重要组成部分，被赋予理论和制度层面的合法性，产生了更大的研究价值和操作空间。

第二篇
基层党组织协商治理实务探析

在社会主义协商民主体系中，基层协商是最基础的层级，主要是指基层党组织在决策前与实施中，就涉及基层社会民众切身利益的重大问题，与区市县、乡镇、街道等社会范围的居民、村民、企事业单位职工及其社会组织进行民主协商的形式、制度、平台与工作机制。

按发展的历史阶段，基层协商治理实践探索可以分为"自在"与"自为"两个阶段，本篇涉及的主要案例分为党的十八大前的自在型协商和党的十八大后自为型协商两种类型。所谓"自在"，即国家在理论和政策层面确定协商民主的政治内涵之前，基层地方为妥善处理群众利益矛盾问题，改进社会治理效果而自发进行的协商议事机制。党的十八大之前，基层协商民主的实践探索，多属于自在自发、因地制宜、遍地开花的粗放型协商和事务性协商。其目的是应对渐趋多发的多元化社会矛盾，探索基层社会治理的有效方式。其本质是党科学依法执政的有益探索，是源于政治现实中的问题导向。所谓"自为"，是在党的十八大正式提出健全社会主义协商民主的理论概括之后，各级党委政府在协商民主思想指导下，主动探索基层协商民主与当地实践结合的新角度。有些是首创，有些是在原有基层民主实践基础上的改良。自为的协商民主是思想驱动、概念先导，相对于自在型协商民主的问题导向而言，更注重协商民主的系统性、科学性、理论性。党的十八大明确提出协商民主的理论内涵，基层协商民主在全国各地普遍展开理论与实践的全新探索。然而，不可否认，协商民主泛化的问题也开始出现。在一些地方，凡是与群众切身利益相关的实际问题，只要是通过协商得到了解决，那就可以冠以协商民主之名；凡是讨论群众事务的工作会，都可以冠以协商或会商之名。使得很多基层地方为协商而协商，出现了"赶理论时髦"的现象，为了打造典型，一例多用，导致协商民主的理论和实践研究不够深入，出现概念的不准确和案例的不贴切等问题。从实践到理论，再由理论指导新的实践，认识在螺旋式上升的过程中不可避免地出现这样那样的问题。但我们坚信，只要不断地进行理论探索，就有利于认识深化和实践发展，有利于协商民主理论与实践发展。

结合"自在"和"自为"的阶段性特征，本篇共三章，总结各地在原有的基层民主和群众自治的制度基础上，归纳为机构协商模式、党委直接领导协商治理实践模式、统筹协商模式。通过陆续介绍并解析每种协商模式中党组织发挥作用的不同侧重和结构功能价值，为基层党组织在协商实践中的功能与定位进行经验性的梳理和总结。

第三章

党委推动机构协商

　　浙江省温岭市是东部沿海的一颗明珠，1999 年起温岭市在基层民主实践上开始探索，已有 20 多年的历史。温岭民主试验，对中国特色社会主义民主政治，特别是协商民主实践的推动具有里程碑意义。在中国研究改革开放以后的基层民主实践，温岭模式具有开创意义。党的十八大之后，很多基层地方开始探索或者改良原有的协商治理形式，创造出形式各样的基层协商案例，基层协商民主的探索与实践瞬间成为地方政府理论创新的热点领域。2019 年适逢温岭民主恳谈实践 20 年，《光明日报》2019 年 11 月 23 日头版头条介绍浙江为民办实事长效机制破题社会治理现代化，重点介绍了温岭的民主恳谈工作。温岭模式是基层协商民主的开拓者和见证者，在全国基层地方诸多新兴的协商实践中，具有引领意义和持续热度。关注新兴热点的同时，更应当提炼具有持久生命力和演进性的案例经验。跨入新时代，回头看温岭，总结出民主形态在一个地区历经 20 余年从"自在"到"自为"的发展演变过程，一定程度上体现了中国民主发展的阶段性特征，是具有极强典型性和持续性的研究案例。

一、温岭模式的"三段论"

综合来看，基层协商民主发展的起步往往是基于民生琐事的个性化需求，经过发展不断演变成为一种决策性需求，该需求逐步发展成熟后则呼唤相对定型的制度性需求。温岭市从1999年到现在20余年的民主恳谈经验，经历了从对话型民主恳谈到决策型民主恳谈，再到参与式预算三个重要阶段，为全国各地基层民主的实践探索首开先河。从20余年的演进历程可以看出，温岭模式经历了三次系统性的演变，由专项工作演变为党组织常态工作。温岭模式在基层协商民主的实践中属于典型的"自在"型协商，在基层民主和依法执政的框架下进行基层政权建设的探索。从自在协商到科学决策，再到参与式预算改革，温岭的每一步都走在全国前列，这一路领先了20年。纵观20年的温岭民主，我们看到了全过程人民民主的生动样本，也记录了基层协商解决群众困难问题的发展历程。

（一）碎片化需求催生对话型协商——用对话解决对立

温岭的民主恳谈起始于1999年，最初形式是一个乡镇党委组织的"农业农村现代化教育论坛"，各乡镇效仿开展，效果良好。一年后，温岭市委将这些论坛整合起来，命名为"民主恳谈会"。最早开展恳谈的动因是乡镇党委集中解决渔民们的生产生活困难，把大家集中起来进行对话。谈得越多越深，解决问题的效果越好。乡镇党委抓住这一机会进行市场经济条件下的农民思想政治工作，于是诞生了"农业农村现代化教育论坛"，这是一种思想政治教育工作的创新形式。论坛以人民群众切身利益为核心，探讨农业农村现代化的形势与机遇，让老百姓得实惠。同时，论坛更深层的意义不在灌输，而在对话，引导群众将诉求和希望通过一种正当的渠道向党组织反映。这种自发的粗放型"官民对话"被命名为"民主恳谈会"。一直到 2002 年市委正式发文确定在全市范围内开展民主恳谈会，才确定了这一模式的合法地位。

温岭民主恳谈会的初始形态是一种思想政治教育的创新形式，随着功能的扩大和丰富，逐步发展为群众表达利益诉求的有效渠道，同时也是党委政府与群众的对话平台。第一次实现了针对群众利益的官民对话，群众的政治参与热情得到满足。初始阶段的民主恳谈会是具有协商民主理念的一种对话机制。民主恳谈往往从群众的碎片化需求出发，将群众的零散诉求集中到会议上用协商的方法达成共识，会后由乡镇党委政府负责落实反馈。这一方式解决了很多群众长期以来悬而未决的利益诉求，提高了政府公信力，密切了党群关系和干群关系，真正实现了"用对话解决对立"，是地方党委执政方式的重要创新。

（二）制度化需求呼唤决策型协商——用决议影响决策

经过 3 年多的发展，温岭民主恳谈进入第二阶段，群众不满足于碎片化的生活需求得到党委政府的重视和解决，而是上升到制度化需求，民主实践由利益驱动上升到制度驱动。群众希望通过民主恳谈的过程影响公共决策导向，真正实现人民当家作主。这是基层民主建设质的飞跃，标志着基层群众不仅具有民主意识，还注重提升民主能力。不仅关注个人利益和身边琐事，还开始关注政策的产生和制定程序。民主恳谈发展为决策型协商，进入"用决议影响决策"的第二阶段。

从组织架构而言,温岭市委统一领导各乡镇的民主恳谈,乡镇党委主要负责同志直接统筹民主恳谈,村委会组织开展民主恳谈。第二阶段的民主恳谈坚持官民对话,将参与者的需求和建议有机融入恳谈过程,科学设置恳谈议题,做好前期准备,对群众进行培训,保证恳谈效果。为确保协商的制度化发展,温岭市委专门出台文件,确定协商的议题、程序等具体规范,其中个别乡镇还针对自身情况进行创新,因地制宜搞协商。至此,温岭模式相对成熟定型,民主恳谈被理论界普遍誉为中国基层政权"协商民主"的典范。2004年,第二届"中国地方政府创新奖"授予温岭民主恳谈,温岭模式享誉全国。

(三)深化需求促进参与型协商——用权利制衡权力

2005年开始,温岭市委开创民主恳谈与财政预算审查结合的模式,将民主恳谈转型升级,开展参与式预算。参与式预算源于拉美和欧洲在20世纪80年代的实践,目的在于扩大公民权利、追求社会公正和推动政府管理体制改革。通过组织年度开放会议,参与当地政府决策、行使预算项目的过程,公民代表通过合理的论辩形成相对共识来影响公共决策,为扩大公民参与提供了有力实践支撑。

从1999年到2005年,温岭模式经过六年的实践,已经初具规模,有效解决了群众的公共事务需求,但从未涉及"钱袋子"的问题。随着很多外地官员和学者都参与到温岭模式的研究中,同时也感到温岭模式遇到了一些瓶颈,需要转型升级才能保持持久的生命力。于是,找到预算这个突破口。因为真正制约公共决策项目能够执行的关键就是财政预算问题。如果公众没有参与到预算中,只在外围进行观念和理论的论述,一直无法进入项目实施的核心,协商意见对决策层也就自然缺乏制约和监督。如果引入协商民主机制，通过协商来分配预算，就能把钱花得明明白白。政府公开财政权，把民众的参与引入基层治理的实务之中。在党委政府的领导下，学者介入、公众参与、机构支持，参与式预算就应运而生了。

参与式预算始于新河、泽国两镇，当地居民通过民主恳谈的方式直接参与预算讨论，讨论的结果反映到人大代表审议的建议中，人大代表根据群众建议进行修正审查，真正实现让权力在阳光下运行，实现财务公开。当然，参与式预算也有一定的范围，主要集中在乡镇级和部门预算两个方面。目前，该协商形态已经向所有镇（街道）、政府主要部门全面铺开，实现了"由点到面、由下而上、由表及里、由软变硬"的纵深发展。

参与式预算把党委政府的财政权力关进人民代表大会制度的笼子，将民主恳谈制度与人民代表大会制度有机结合，用人民的政治参与和民主监督权利来制约公权力，确保权为民所用，真正实现了"用权利制衡权力"，是中国基层民主推进政治体制改革的创举。

（四）将多元协商形式整合为多渠道协商形态

温岭的民主恳谈和参与式预算作为协商民主的重要基层实践，紧密结合党的十八大之后的理论和政策，进行协商民主多渠道、多形式的探索和总结，将已有的协商形式整合为一种常态化的协商形态，以符合群众日益多元化的利益诉求。协商民主的多样化形态在这一阶段得到充分发展，呈现多种协商形式并存的良好局面，可以概括为以下四种类型的制度化协商渠道。

1. 党内民主恳谈

2004 年 6 月开始的党内民主恳谈活动，是民主恳谈与党代会常任制工作的有机结合，最初以答复党代表的部分提案为议题。随后，党代表直通车、党组织开放式民主生活会等民主形式应运而生，丰富了党内协商的形式。同时，重大事项在党内事前协商，党员管理制度要充分事前恳谈等，成为温岭市各级党组织在做出重大决策前广泛征求党员意见的一种惯例做法，为广大党员直接参与党内事务的决策和管理提供了新的渠道。

2. 公共决策协商

任何公共项目和公共决策，必须事前与公众进行协商沟通。政府部门通过广泛征求意见集中选择议题，或由人大代表、社会公众提出建议，邀请事项利益相关方和"两代表一委员"参加，通过充分的辩论、倾听、解释、总结，形成公共事务的基本共识，反馈给政府负责机构，整个过程全部向社会公开，由人民监督。其中乡镇（街道）民主恳谈每年至少开展 4 次，有效解决了与群众切身利益相关的实际问题和集体发展中存在争议和矛盾的问题，得到了群众的广泛拥护。

3. 政协政治协商

2003 年以来，温岭市政协致力于发挥协商民主重要渠道作用，努力拓宽协商领域，完善协商制度，积极利用政协全会、常委会会议、主席会议等议政平台和专委会工作平台、界别活动平台以及基层联络处履职平台，组织政协委员就经济社会发展中的重要问题、重大事项，主动寻求与党委、政府开展协商。党的十八大后，按照政协协商的有关规定逐步形成了专题协商、对口协商、提案办理协商、"界别+区域"协商"四位一体"的协商格局。市委每年确定一项主题与市政协开展专题政治协商，市政协常委会每年围绕 3~5 个课题与市政府开展专题协商，形成了"党委主导、政府支持、政协主动、社会关注"的良好协商局面。

4. 党派团体协商

由温岭市委召集，以民主党派专题协商议政会的形式，充分发挥了民主党派的人才和智力优势，为推进温岭市经济社会全面发展建言献策。工会、共青团、妇联等人民团体在广泛参与公共决策的过程中，开展了不同形式的协商对话。除总工会推动的行业工资集体协商外，较有影响力的还有以男女两性平等参与为主要特征的参与式性别预算。目前，已经形成了以女性广泛参与预算决策各个阶段为特征的温岭模式、以女性人大代表示范引领广大妇女参与预算审查监督为特征的新河模式和以男女两性均衡参与预算意见表达的泽国模式。除此之外，还形成了基层协商和社会组织协商的雏形。

二、以民主协商激活县乡人大职能

温岭基层协商民主经历了碎片式需求到参与式预算的发展阶段，不仅能有效解决人民的民生和民主需求，而且在结构功能上对既有政治体制有很大激活作用。预算审查权是基层人大的职权之一，但长期以来缺乏科学性系统性的研究，导致基层县乡人大执行预算审查权时专业性受限，基层人大的职能存在滞后其至死机的状态。参与式预算引入民众参与，第一次让群众看得懂预算，也激活了基层人大的系统职能，真正做到"人民有所呼，人民代表有所应"。

（一）县乡人大工作的机遇与挑战

县乡两级人大是基层国家权力机关，是国家政权的基础。县乡两级人大代表最基层群众的切身利益，在推动地方经济社会发展和民主法治建设方面持续发挥作用。但长期以来，县乡人大的工作也存在着一些职能弱化的问题，与基层权力机关的地位不符，严重制约着县乡人大在经济社会发展中的重要职能，影响基层政权建设的效果和进程。

十九大报告明确指出，人民代表大会制度是人民当家作主的制度保障，要支持和保证人民通过人民代表大会行使国家权力①。全国人大、省市级人大、县乡各级人大承担着职能发挥、履职尽责的重要任务。县乡人大是人民代表大会制度最基层的"腿脚"，与群众关系最密切，应当切实保证基层群众行使国家权力。然而，长期以来，县乡人大的工作面临重大的挑战，特别是乡镇一级，经费少、编制少、权责不清、体制不顺等问题突出。乡镇人大面临开会难、履职难、运行难，乡镇人民代表大会存在形式主义的作风。

乡镇人大职能的弱化有一定的历史因素。改革开放之初，社会主义市场经济体制全面运行，国家财税体制改革启动，乡镇党委政府职能随之转变，但乡镇人大的体制机制没有及时转型跟进，于是产生了乡镇人大的法律地位和实际地位不符的现象。当前，乡镇人大的工作不能仅仅停留在每年定期召开会议、完成政治任务上，而是迫切需要通过有效形式激活人大常委会机关和人大代表的职能，提升基层人大在经济发展、社会治理中的实际地位。制度设计如一池春水，只有源源不断地流动，才能保证基层制度运行实现"为有源头活水来"，真正实现人民当家作主，激活乡镇人大的职能和人大

---

① 习近平. 决胜全面建成小康社会 夺取新时代中国特色社会主义伟大胜利：在中国共产党第十九次全国代表大会上的报告 [M]. 北京：人民出版社，2017：37.

代表的履职自信，进而激活人民群众对社会主义民主政治的制度自信。

（二）预算改革的"鲶鱼效应"

2004 年，温岭民主恳谈荣获第二届"中国地方政府创新奖"，而温岭的民主实验并没有止步。2005 年起，温岭将民主恳谈与预算工作结合起来，找到协商民主与人大工作的新的结合点，成为全国参与式预算的首创之地。2008 年参与式预算被评为"2007 十大地方公共决策实验"，2010 年参与式预算荣获第五届"中国地方政府创新提名奖"。

回顾参与式预算改革的创新始末，为何民主恳谈与预算工作能有机结合起来？通过采访温岭市民主恳谈办公室主任陈奕敏，我们可以概括为以下 4 方面的契机：第一，民主恳谈经过 6 年的发展，已经初步建立起从对话型协商到决策型协商的体制机制。凡是涉及群众利益的实际问题，市、镇两级党委政府将民主恳谈的结果自觉纳入公共决策程序，公权力具有良好的回应性和反馈性。在这个基础上，民主恳谈的发展需要转型创新，迫切需要找到新的工作结合点，保障人民当家作主的权利得到进一步深化。第二，县乡人大的职能弱化是个普遍问题，基层国家权力机关如何在经济社会发展中发挥关键作用，是温岭党委政府持续关注的实际问题。困境往往意味着转机，这两个原因构成了参与式预算民主恳谈诞生的内因。第三，西方参与式预算已经实施多年，特别是在城市管理和公共决策方面产生了很多学术成果。一些留学归国的政治学、社会学、公共管理学方面的专家学者（如澳门的何包钢教授等）看到了温岭民主恳谈模式的成功，持续关注并开始在乡镇进行参与式预算的学术试验。第四，温岭市委、市政府的大力支持是民主恳谈和参与式预算发展的根本动力。民主恳谈的初始形式是市委宣传部开创的思想政治教育阵地，后来逐渐演变为民主恳谈会，引起市委的重视和支持，构建制度保障民主恳谈的持续性发展。参与式预算改革是民主恳谈会和人大职能的结合，获得了各级党委的支持，在党委的领导下促进了人大机构职能的民主协商。

《中华人民共和国预算法》规定：地方各级政府预算由本级人民代表大会审查和批准。各级人民代表大会本来就具有审批预算的职能，但由于没有引入协商机制，往往出现"外行看不懂，内行看不清"的尴尬局面，所谓审批也就成了走程序、走过场。民主恳谈与预算改革结合起来，成为激活县乡人大职能的重要抓手。乡镇人大代表和自愿参与的民意代表（通过乒乓球摇号随机产生）通过预算初审、小组讨论、大会审议、项目合理性辩论等过程，直接参与政府预算的决策全过程，实现了在决策前和决策中的民主协商，对政府怎么花钱充分发表意见，促进预算案的修正和调整，"把纳税人的钱花在刀刃上"，并实时监督预算的执行情况，控制好政府的"钱袋子"。预算草案从2页纸的通报式表述，发展到每个项目50页纸的详尽解释。原来对预算一知半解的代表和群众，都成了看得懂"门道"的"内行"。人大代表陈元方由衷地体会到参与式预算给人大工作带来的变化："我觉得最大的变化是真正体现了人民当家作主。人大代表对乡镇的预算支出进行深入恳谈、讨论，真正有了主人的样子。"①

---

① 林应荣，李小健. 温岭"参与式预算"的阳光实践 [J]. 中国人大，2014（18）：36-37.

习近平总书记指出，人民民主的真谛是"有事好商量，众人的事情由众人商量"。"真正有了主人的样子"，这是人民当家作主最真实的表现。参与式预算引入基层人大职能，产生"一石激起千层浪"的鲇鱼效应，让整个人民代表大会制度体系活了起来，真正激活了人大职能和人大代表的职责。

（三）协商民主与代表民主相互促进

参与式预算改革体现了社会主义协商民主和人民代表大会制度的有机结合，二者同为人民当家作主制度体系的重要组成部分，不是相互独立，而是相互促进、互为补充、相得益彰的关系。

首先，党委领导下的机构协商渠道，激活了基层人民代表大会的法定职能，增强了基层代表的履职能力。2005 年参与式预算改革在温岭开始起步，党委领导下的基层人大协商雏形初现。人大职能在参与式预算中得到激活，乡镇人大代表除了监督日常的预算编制工作之外，还要负责监督预算的执行。即使在闭会期间，人大代表也要频繁联系选民进行审议，甚至就执行的细节问题进行辩论。因此，民主恳谈激活人大职能不仅体现在编制预算，甚至贯穿了预算工作的全过程。

人大协商作为协商民主的重要渠道被逐步确立。而此时，温岭的基层人大协商已经推行了整整 10 年。这 10 年间，民主恳谈与人大预算审批权紧密结合，产生了一系列化学反应，催生了一系列制度建设，让基层人大的工作有内容、有平台、有实效，基层人大代表履职能力和主动性全面提升，广大群众真正体会到了人民代表大会制度作为我国根本政治制度的优越性和创造力。

其次，加强和改进新形势下基层人大工作，为协商民主广泛、多层、制度化发展提供了更广阔的操作空间。2015年6月，中共中央转发了《中共全国人大常委会党组关于加强县乡人大工作和建设的若干意见》，意见明确指出："县乡人大要把宪法、法律赋予的监督权用起来，实行正确监督、有效监督。确定监督项目、开展监督工作时，应当认真听取人大代表和人民群众的意见、建议，积极回应社会关切。严格执行预算法规定，着力加强预算决算审查和监督。"① 2017年6月19日，时任中共中央政治局常委、全国人大常委会委员长张德江出席推进县乡人大工作和建设经验交流会并讲话指出，依法行使监督权，是县乡两级人大最主要的经常性工作。中央反复重申落实县乡人大的监督权，并在意见中特别强调预算审查和监督问题，这与温岭预算改革实践密不可分。地方党委政府的治理实践是中央政策出台的推动力量，中央政策规定反过来又激励地方治理实践更多更深入的制度创新。

十二届人大专门制定了《关于建立预算审查前听取人大代表和社会各界意见建议的机制的意见》，扩大代表对预算审查监督工作的参与，为编制好预算、做好预算初步审查夯实基础。为下一步温岭参与式预算的深入研究和发展，为协商民主推进人大预算审批权在全国各地的深入落实打下了良好制度基础。2021年习近平总书记在中央人大工作会议上指出，要完善人大的民主民意表达平台和载体，健全吸纳民意、汇集民智的工作机制，推进人大协商、立法协商，把各方面社情民意统一于最广大人民根本利益之中。参与式预算就

① 加强县乡人大工作和建设充分发挥基层国家权力机关作用——全国人大常委会办公厅负责人就中共中央转发《中共全国人大常委会党组关于加强县乡人大工作和建设的若干意见》答记者问 [J]. 中国人大，2015（21）：26-29.

是在县乡人大代表的监督权上下功夫、做文章，反映各方面社情民意，确保监督权绝不流于形式。引入协商民主的技术和方法，充分发挥代表主体作用，有序扩大公民政治参与，深化部门预算审查和全过程监督，为协商民主在基层落地生根奠定了坚实的制度土壤。

三、温岭经验：把握高阶民主的关键环节

民主的发展从来都不是一蹴而就的，社会主义民主同样如此。温岭地处改革开放的前沿地带，民营经济发达。经济自主性带来较强的政治自主性，民众民主意识相对较高，这片土地上较早开展了协商民主的自发实践。至今，温岭模式从最初的民主恳谈到参与式预算，基层民主已经经历了20余年的打磨，却历久弥新，展现出顽强而持久的生命力。温岭的经验可以传播却不能复制，中国只有一个温岭，民主实践起步早、发展快。随之而来有众多不同地区沿着温岭民主发展的道路缓缓走来，也许发展的速度、方向、方式不尽相同，但温岭始终是中国基层民主的灯塔，代表着当前基层民主的最高阶段。就像发达国家和发展中国家面临的困境不同，高阶民主与发展中的民主也具有不同的表现形式和不同的阶段特点。总结高阶民主的发展经验，对发展中的基层协商民主而言，是宝贵的借鉴，也是温岭模式对中国民主进程的卓越贡献。

（一）真正践行"民本"初心

习近平总书记高度概括人民民主的真谛："有事好商量，众人的事情由众人商量。"协商治理、民主治理，是中国共产党领导人民实现国家治理体系和治理能力现代化建设的必由之路。

　　从管理到治理，是一段漫长而艰难的过程。改革开放之后，党的领导方式和执政方式随之转变成为发展趋势。基层协商民主打破了社会治理"一管就死、一放就乱"的魔咒，有效突破悖论、走出了困局。从社会管理创新到服务型政府建设，从机构改革、简政放权再到职能转变，基层党组织和各级政府在社会治理的道路上从未停止脚步，探索并实践着先进的治理形式，为实现社会的良治、善治不懈努力。万变不离其宗，社会治理的核心就是"人民当家作主"。治理之道和治理之术有机结合才能取得良好的治理之效。技术的变革和形式的创新都离不开"治道"这个核心。"人民当家作主"就是社会主义民主政治的"治道"。如何作主，谁来作主，怎么作主，却经历了相当长的摸索。基层党组织践行"为人民服务"的根本宗旨，应深入调研群众需求，根据群众需求优化政策供给，避免演化为"一厢情愿"的单向决策。

　　温岭模式最初也是源于政府对群众诉求的回应，并且在提供服务之前充分征求了群众意见，遵循民主程序进行协商治理。随着群众民主协商的能力不断提高，民主需求也在进一步提升。从过去鸡毛蒜皮的生活琐事，到公共决策如何实施，再到盯紧政府的"钱袋子"参与财政预算，并全程民主监督，基层党组织并没有推诿回避，而是勇于接受群众对权力的质询。新河镇党委书记朱宝卿感慨地说："这些年在预算上搞改革，我最大的心得是，把事情拿到台面上公开，群众反而不会猜疑，反而会体谅我们。"① 温岭模式亲历者陈奕敏一直秉持着这样的理念：众人之财要用于众人之事，众人之事就要听取众人之言。这与"众人的事情由众人商量"的真谛不谋而合，

———————

① 陈奕敏. 从民主恳谈到参与式预算 [M]. 北京：世界知识出版社，2012：411.

这也是所有基层民主实践者的初心。温岭模式尽管走了 20 多年，但始终没有忘记为什么出发。基层起点和阶段不同，只要保持"以民为主"的初心，就能确保协商民主的发展不偏离"航向"，实现基层党组织始终沿着人民需要的方向"领航"未来。

（二）协商结果如何真正影响公共决策

协商民主的基层实践能否真正影响或改变公共决策的偏好，是判断协商民主实际效果的关键。基层党委领导下的协商民主是减轻政府无限责任的有效方式，实现党、政、群不同群体之间通过有效协商而共同决策，减少决策风险，增强决策的科学性和合法性。但实际上，很多地方的协商民主仅仅停留在征求意见、解释政策的层面，流于形式，为协商而协商，没有充分落实人民当家作主的精神内涵，难以保证协商的结果对公共决策产生必要的影响力。

温岭模式之所以会经历三个不同发展阶段的主动转型，就是始终围绕着协商民主的实际效果这个核心，始终把握住"真协商"这个标准。对话型协商民主有效解决群众碎片化的生产生活需要，只是协商民主的初始阶段，只是停留在群众提意见、政府想办法，没有达到群众力量影响决策的层面。民主恳谈的创造者们意识到这个问题，主动将恳谈的范围和程序进行升级改造，进入第二个阶段——决策型协商。决策型协商民主沿用对话的机制，注重如何扩大协商的范围、严格协商的程序。然而，经过几年的实践，决策型协商又面临新的困境，那就是体制外的协商始终难以进入体制内职能部门的决策程序。也就是说，决策型协商仍然是党委和政府征求群众意见的姿态，如果不能将协商民主的机制引入决策机构，就不能形成民主决策。焦灼之时，长期处于"休眠"状态的乡镇人大迫切需要被"激活",处于发展瓶颈的决策恳谈又迫切需要进入权力体制,两者相互呼应,乡镇人大参与式预算改革应运而生。参与式预算作为基层协商的高级阶段,的确为基层民主建设带来了新气象。两类代表发挥了关键作用,那就是人大代表和民意代表。人大代表职能在协商民主机制被引入之后发生了一系列的变化,将民意协商引入基层权力机关的既有职能,可谓参与式预算的思想贡献和制度突破。

基层民主实践要想不流于形式,真协商问题、协商真问题,那就需要极其注重制度设计的细节,可谓成也制度、败也制度。温岭模式除了主动转型取得协商实效之外,严密的制度设计也是当前正在运行中的协商民主模式值得借鉴的重要经验。例如,协商议题的选择,同时期上马的公共建设项目,采用公众参与的方式做出选择排序,确定优先等级,形成具有科学性和精确性的参与式重大公共事项决策机制。另外,还要从流程上保证协商结果运用于决策程序,协商环节贯穿决策前和决策中,避免事后无用协商,避免结果通报式的形式协商。总之,协商民主的制度设计要关注决策前的民意辩论、决策中的修正完善、决策后及时监督执行效果,实现全过程、全方位的监督。

(三)激发既有制度中的协商弹性

温岭参与式预算作为民主恳谈的衍生产品,已经在基层民主舞台上活跃了10余年而经久不衰,体现了党委领导下的机构职能协商模式的巨大成功。实际上,党内民主和社会民主是相互呼应的,党政职能部门应当率先垂范,在各项法定职能中落实人民当家作主的本质要求。人大的预算审批功能通过参与式预算被激活了,那么其他的职能部门呢？是不是都存在着很大的协商弹性和协商空间没有被激活，还处于"休眠"状态？温岭的案例给基层民主的实践者以强烈的制度自信。中国特色社会主义制度是一个有机的整体，党政职能部门的机构设置和功能只要被充分激活，就能在其中寻找到巨大的协商空间，使人民当家作主制度贯穿其中，保证人民主体地位的有效实现。

温岭模式充分激发了已有制度中的协商弹性，形成持续性的基层协商民主。参与式预算激活了乡镇人大的职能和协商弹性，使乡镇人大重新运转起来，重建了乡镇权力结构，推动了农村基层民主的发展，产生了一系列积极的连锁反应，这就是制度设计的魅力所在。激活后的县乡人大，不再是形式上的举举手、动动口，而是实实在在地增强了预算审查的职能。被群众戏称为"橡皮图章"的基层权力机关，渐渐变成了"钢铁图章"。基层人大的职能和地位得到落实，人大常委会机关在居民政治生活中的地位越来越重要。从此，公共事务不再无人问津，群众争先恐后参与公共项目的上马和落地，积极参与基层社会治理的全过程，并从中共享发展成果。

温岭模式的可贵之处在于它是一个自然发展的动态过程，三个阶段既有偶然也有必然，没有"移花接木"式地照搬照抄，也没有"旧瓶装新酒"的政绩工程，有的是基层民主实践者源源不断的问题意识和可行的操作方案。民主的实践永无止境，没有历史的功劳簿可躺，也只有在实践中才能产生改革动力，只有思想驱动才能产生伟大创造和伟大突破。温岭的参与式预算和人大审查监督预算成为推动我国基层人大工作制度的一个重要的突破口，而健全人民代表大会制度的基层运行又将成为健全人民当家作主制度体系的重要契机。

第四章

党建机制联动协商

党的十八大以来，协商民主的理论创新与制度创新不断发展，掀起一阵协商民主的研究和实践热潮。十年间，各地纷纷开展基层民主协商的探索和实践。各基层党组织根据本地基层民主的运行基础，主动作为、开拓创新，形成一些具有代表性的协商样态。其中，市级党委直接领导自上而下设计协商制度，解决自下而上涌现的协商问题，形成与县、乡镇、社村的联动协商机制，成为有效解决群众反映利益诉求的基层协商民主运行模式。

一、党委搭平台培育协商能力

四川彭州、崇州、都江堰等城市先后开展了以党委直接领导为标志的基层民主协商，是全国范围内较早起步的自上而下规范化协商形式。基层党组织主动作为，引导群众"从零开始"学协商，从群众中来，到群众中去。市委直接领导协商，督促基层党组织改变松、软、散的作风，同时引导群众实现"众人的事情由众人商量"，协商解决生产、生活中的实际问题，社会治理效果显著提升。党委直接领导协商（以下称"党委直接领导协商治理实践"），使多方受益：基层党组织代表协商组织方，通过有效组织和充分落实赢得基层群众的拥护和支持；基层群众代表协商参与方，通过深度对话协商解决关系到切身利益的实际问题；基层社会治理效果关乎国家发展稳定大局，通过协商过程实现了整体基层治理效果的提升。

（一）基层协商理论与实践的探索历程

彭州是四川省内最早开展基层协商制度建设的县级市，党委直接领导协商治理实践模式从探索到定型不是一日之功。理论与实践螺旋式上升，新的实践为理论的深化提供基础，新的理论又反过来指导更深刻的实践。从 2012 年年末彭州市委统战部开始筹划构建协商体系开始，到 2013 年 3 月《中共彭州市委关于构建社会协商对话制度意见（征求意见稿）》出台，彭州从探索到实践行动非常迅速。2013 年 4 月，彭州市委出台《关于构建社会协商对话制度试点工作的实施方案》，通济、九尺、葛仙山三镇作为试点首先开展协商活动，积极探索构建镇、村（社区）协商的组织、主体、渠道、方式与程序。5 月 31 日，首届社会协商大会在通济镇召开，标志着彭州基层协商民主制度正式确立。11 月，《中共中央关于全面深化改革若干重大问题的决定》（以下简称《决定》）经党的十八届三中全会通过，是我国当前全面深化改革的纲领性文件。《决定》特别强调要发挥统一战线在协商民主中的重要作用，这是十八大报告之后新的理论突破，具有重要的指向意义，给彭州市委统战部很大鼓舞。作为中国共产党治国理政的重要法宝，统一战线在协商民主的发展过程中发挥着不可替代的重要作用。

2013年5月30日，崇州市委开始制定指导意见、撰写执行手册。2013年11月和2014年6月，崇州市各试点乡镇先后召开一届一次和一届二次协商会，并取得良好效果。彭州、崇州之后，都江堰等市也陆续开展基层协商的探索与实践。连续多个县级市自主开展协商实践，党委直接领导协商治理实践模式引起中央、各省市研究机构的重视，纷纷到成都调研考察。成都的基层协商民主实践探索，是自为自发的基层民主鲜活实践，从产生之日起，就明确以协商民主思想为驱动。成都周边以彭州为首的几个县市开展协商治理实践，都是在党委直接领导下统一推进，以社会协商为形式展开的，且运作模式基本一致。可概括为"党委直接领导协商治理实践"模式。

（二）统一战线在基层协商治理中大有可为

党委直接领导协商治理实践模式的特色在于党组织的积极主动作为，介入协商全过程构建协商体系和协商制度。彭州等市由统战部门代表市级党委牵头和实施协商民主实践，在基层协商体系的构建中起引领作用，统一战线在基层协商治理中的角色和定位展现出党委直接领导协商治理实践模式的核心特色。统战部门作为党委的重要部门，代表地方党委直接领导基层协商治理具有充分必要的现实条件。

1. 必要条件：统一战线助力基层社会民主协商是形势所需

协商民主包括国家层面、社会层面和基层层面。国家层面和社会层面的协商形式趋于完善和定型，而基层层面的公民协商没有统一的制度设计，因而鼓励基层充分发挥主动性和创造性。社会协商包括立法协商和行政协商两个层面，涉及群众对重大问题的知情权和参与权。《决定》概括的协商民主体系中，五个协商渠道和五种协商形式相对应。基层组织和社会组织的协商能力和协商实效，是需要重点突破的关键环节。公民层面的基层民主协商目前还存在着发展比较缓慢、形式多而成效微、缺乏制度安排、缺乏组织引导等薄弱状况。协商民主不同层次间发展程度不均衡，这是统战部门代表地方党委与基层民主协商相结合的背景之一。

　　基层民主协商是统一战线工作自上而下、重心下沉的有效抓手。基层民主协商比较薄弱的重要原因是缺乏有力的组织引导。人民政协章程规定，政协组织在地方到区县为止，乡镇和社区缺乏协商渠道，主要依托居民和村民自治完成协商。而长期以来，统一战线工作也集中于代表人士，并没有把统战工作下沉到百姓中去。这并不是说统战工作就是代表人士的工作，不需要深入基层群众的生活，而恰恰是统一战线多年来苦于难以寻找到基层工作的抓手。与人民政协一样，统战部的设立一般只到区县为止，缺乏基层统战工作的突破口。因而，基层民主协商缺乏引导与统战工作下沉的需求不谋而合，地方党委也在不断地进行尝试和实践。2013 年年初，成都市委统战部结合协商民主的理论和地区实践，在彭州和崇州两个县级市率先将基层统战工作与民主协商结合起来，由市委统战部直接领导，在乡镇、社区逐步试点建立社会协商对话制度，利用统战优势大力发展基层民主协商，在统战系统和协商民主研究领域引起较大反响。这样的举措并非一时动议，而是经过了严密的理论阐释和实践经验的总结之后，在基层民主协商的广阔空间应运而生的。彭州、崇州的经验，为基层民主协商与统战工作的结合开辟了一条新的路径，使基层民主协商工作得以大力开展，群众的政治参与程度大大提升，统一战线在基层的工作也有了新的着力点。

2. 充分条件：统一战线发挥独特优势推进基层协商制度化

统一战线在基层协商治理中大有可为，除了形势的需要之外，还需具备独特的比较优势，在党委部门中相对适合承担协商民主的职能，并取得应有效果。

十八届三中全会《决定》中提出推进基层民主协商制度化之后，包括成都模式在内的全国各地就原有的基层民主协商方式进行调整和反思，进行制度化的设计和安排。在区县级职能部门中，由什么部门牵头挂帅，成为首要的问题。彭州、崇州的经验是负向推理，先排除不适合承担协商民主职能的部门。从理论上讲，人民政协是政治协商的重要渠道，在政治协商中发挥着渠道和平台作用。然而，人民政协机构向下到区县为止，在区县以下的基层范围，政协很难突破章程的规定而发挥作用。在党委和政府的职能部门中，应当首选党委部门，党领导发展协商民主是社会主义民主政治建设的重要内容。《决定》中明确指出："在党的领导下，以经济社会发展重大问题和涉及群众切身利益的实际问题为内容，在全社会开展广泛协商，坚持协商于决策之前和决策之中。"① 党委领导是政治前提。党委机关中唯有统战工作与协商民主具有高度一致性和契合性，统战部负责基层民主协商工作的组织和引导，具有独特的比较优势。

首先，统一战线的政治把握能力是开展基层民主协商的可靠前提。"党的领导始终是协商民主有序发展的前提和保障，否则，协商就有可能陷入无休止的争议和对立，或者成为少数利益集团借公众

---

① 《中共中央关于全面深化改革若干重大问题的决定》辅导读本［M］. 北京：人民出版社，2013：30.

权益之名实现私利的借口和工具。"① 统一战线工作在长期的工作中掌握了丰富的协商经验，并引导协商主体在党的领导下有理有序地开展政治协商。高度的政治把握能力对基层民主协商而言非常重要。在彭州的基层民主协商试点过程中，统战部门深刻认识到协商民主组织者政治把握能力的重要性。因为协商议题都是涉及群众切身利益的实际问题，如果协商程序引导不力，容易导致矛盾的激化。因此，统战部门把关，紧紧围绕利益群体的矛盾聚焦，及时上报党委指导，能够灵活搭建政府决策部门与群众沟通的渠道，及时把握民情、了解民意，将事件的协商和发展掌握在可控的范围内。

其次，统一战线的社会整合功能是开展基层民主协商的组织优势。统一战线可以发挥其联系广泛、智力密集的优势，将做好统一战线工作的经验，运用到基层民主协商中。改革开放以来我国社会利益结构发生深刻变化，涌现出各种异质化的社会因素，统一战线在其中发挥着社会整合的功能。统一战线利用联系广泛、渠道畅通的工作优势，协调社会关系、化解社会矛盾，调动和团结一切可以团结的力量。在统战工作中构建了完善的组织机构，积累了丰富的人脉关系，了解基层统战对象和统战成员的利益诉求，而这些恰恰是基层民主协商的重要资源，便于利用组织优势，将基层的重点统战成员组织起来，为所代表的群众充分表达利益诉求，进行协商议事。彭州和崇州的基层民主协商要求统一战线成员（包括个体户、私营企业老板、新兴职业农民和乡土人才等）不得低于议事会成员的 10%～15%，这就保障了基层民主协商的统一战线性质，确保了

---

① 刘杰. 协商民主的中国特色与统一战线的保障功能 [J]. 上海市社会主义学院学报，2013（5）：8.

基层民主协商广泛的利益覆盖面。北京的经验也是同样发挥统一战线的组织优势，2007 年为贯彻党的十七大关于社会建设的精神，北京市成立社会工作委员会。且由市委统战部和市社会工作委员会主导，从 2011 年起连续三年在社会主义学院对全市范围内的社会领域统战工作者进行全员轮训，各区县、街道、社区的统战工作者、党务工作者、社会工作者均接受了统一战线方面的系统培训，具备高度的组织优势和人才队伍优势，具备开展基层民主协商的良好社会基础。

最后，统一战线的协商议事传统是开展基层民主协商的有效方法。统一战线坚持求同存异，强调一致性与多样性的关系，这与协商民主的方法如出一辙。协商民主强调理性协商，接受与倾听不同意见，并进行妥协，最终达成共识。统一战线工作的思维方式中蕴含着合作、参与、对话、妥协、包容的精神，这有益于引导基层民主协商议事程序的发展。统一战线工作需要长期与民主党派等党外人士打交道，形成了"放得下架子、抹得开面子、弯得下身子"的行事作风，这种思维和处事作风，对于引导基层民主协商取得实效具有重要意义。在彭州，市委统战部借助统一战线的智力优势，对全市 20 个乡镇的协商会负责人进行了协商精神和协商程序的培训，让基层的乡镇干部能够当好组织者引导者的角色，在协商过程中真正与群众平等对话，组织好、实现好基层协商民主，提高协商议事的水平和能力，推进村民自治。基层民主协商的推进，改善了过去基层干部颐指气使的行政习气，开始尝试运用协商的思维解决问题、化解矛盾，对于加强和改善党的领导，提升党的建设科学化具有推动作用。

（三）搭建三级平台，培训协商技能

彭州、崇州的基层民主协商经验之所以受到高度关注，关键在于制度设计。基层协商民主并不能仅仅依靠实践经验的堆积，而是应当着重强调顶层设计和理论研究。彭州、崇州构建的基层对话制度，其核心就是首创三级协商平台：市级协商对话联席会议，乡镇协商议事会议，依托村民议事会建立的村级协商平台。在顶层设计的基础上，强调上下结合、层层下沉的理念，实现协商民主的广泛多层制度化发展。

党委直接领导协商治理实践模式是党的十八大之后，统战部门发挥优势，自觉实践，进行探索并逐步形成的。从探索之初，党委就着眼于建立市县、乡镇街道与村社区的三级联动机制，着手搭建制度化的协商平台，在细节处体现三级联动的效应。首先，市级层面，市委书记直接挂帅，担任协商领导小组组长，成立联席会议，提出工作部署，并筹划机构设置，具体工作由统战部组织实施。其次，乡镇一级，党委领导建立协商领导机构，选定议题，并组织协商程序。最后，村级协商可以借助村民议事会的已有平台，附加协商职能。形成三级联动的全覆盖。

党委直接领导协商治理实践，创建三级联动机制，在探索中逐步成熟，在实践中逐步定型。随着制度的完善和机制的健全，提升群众的协商议事能力成为下一步工作的重点。顶层设计再完善，也需要直接参与者的亲身实践。群众在既有框架中逐步提升协商意识和协商能力，才能构成三级联动格局的持久动力。彭州等地创造性地探索出一条适合本地发展的协商体制，形成比较完备的理论支撑，特别是创造了党的领导与协商民主有机结合的工作思路，值得深入

挖掘，为协商治理提供更大的拓展空间。

二、党委建制度强化程序设计

在已有的协商民主制度框架之中，政治协商和社会协商有充分的制度保障、政策保障和机构保障。而基层协商民主处于创造性发展阶段，各地在尝试和摸索适合当地经济社会发展水平和基层民主发展程度的协商模式，各具特色、各有所长。其中共同的问题就是缺乏直接的组织引导，制度设计不足，只停留在"商量"的层面，而非"协商"，甚至有些存在流于形式、走走过场的畏难现象。好的民主形式需要配以好的民主制度，协商民主如果仅仅停留在口头上、文件里，容易出现"一阵风"现象和"人走政息"的危险。《决定》和《意见》强调推进基层协商制度化，基层党组织主动作为，引导完善的制度设计是决定基层民主协商生命力的关键环节。

（一）建立实体性制度，提供"三级联动"机制保障

统一战线引导基层民主协商建设，特色主要体现在两个方面：一是统战部门统筹；二是统战成员参加。在建立基层民主协商的组织架构中，体现统一战线的统筹协调作用，就需要在最基层的统战部门（区委、县委统战部）设立专门负责民主协商的机构。例如，彭州市基层民主协商由市委统战部牵头负责全市的基层协商对话工作，构建镇、村两级工作平台。在实体性制度的设计上，通过专设机构、上下联动来实现市乡村三级协商对话，实现基层民主协商的全覆盖。基层群众的切身利益无小事，要确保制度设计上三级协商机制的无缝对接。

第一，建立市级民主协商对话联席会议。其主要职责是根据中央和省市的决策部署，研究提出基层民主协商工作的指导原则和总体部署，真正实现在党的领导下开展协商。市级联席会议没有任何决策权，只是指导镇村（社区）做好基层民主协商工作，定期对工作情况进行督促检查，推动工作落实。彭州市委统战部提出，实际运行过程当中，很多是涉及市级部门的议题，已经超过了乡镇范围的议题，需要市级进行决策部署，镇党委政府无法即刻回复。这种情况并不少见，也成为市级联席会议成立的另一个必要性，那就是协调解决民主协商中提出的难点问题，增强协商实效性。联席会议工作办公室设立在市委统战部，统筹解决逐级上报的由体制性困难导致的群众利益受损问题。

第二，召开乡镇协商议事会议。乡镇党委直接领导，就涉及全镇性的重大事项进行广泛协商，乡镇协商会议由乡镇党委副书记牵头负责，成立民主协商会议办公室，可以挂靠党政办（有些乡镇挂靠在群工办），负责日常工作。乡镇协商会议没有决策权，只有建议权，召开乡镇协商会议时尽量将各村级协商会上产生的突出难点问题在镇一级协商会进行协商讨论，争取达成相对共识，最终的决策权还在村委会，避免民主协商取代村民自治进行决策的问题出现。

最基层的一级，充分发挥村（社区）议事会职能，开展村级民主协商工作。近年来，依托村民议事会制度，村民自治发展比较快，在全国普遍成立村民议事自治机构，这使得基层民主协商具备一定的组织和实践基础。村（社区）党委组织书记为召集人。成都市有近十年的村民议事传统，村民议事会日常工作充分发挥了村民自治的职能，彭州、崇州两地的民主协商进程也顺利推进。

（二）完善程序性制度，强化民主协商细节设计

实体性制度为基层民主协商提供体制机制保障，确保了三级联动的管理运行机制，为民主协商制度化畅通渠道。程序性制度与实体性制度一样重要，这一点在基层民主协商工作中尤为突出。协商民主的程序保障了协商过程的正常运行，使协商成为协商。因为"协商民主不同于民主政治中其他一些的看法和做法，它鼓励参与者不仅要关注自身的利益，而且要倾听其他人的意见，考虑其他人的利益，从而达到公正的和谐"。如果没有程序的导向性，协商就会沦为一般的"征求群众意见"，不能保障政治参与中的论辩和审议，不能保障参与者们既关注自身利益，也倾听他人意见，也就缺失了协商民主的核心要义。中国传统政治文化历来具有"重道轻术"的特征，对器物之用和方法程序的忽视比较明显。这种影响至今依然存在，我国政治文化中对实体性制度和理论的论证从不缺乏，但程序和规则意识依然有待加强。协商民主建设亦如此，党的十八大之后对协商民主的理论研究掀起一阵热潮，但是对于基层民主协商程序的制度设计依然滞后于理论的发展，呈现基层民主协商建设迟迟未能落地的尴尬局面。而协商民主的广泛多层制度化要求必须高度重视程序的建设。"从一开始，制度化就必须与制度化程序关联起来，并且借此与规范自身关联起来。"① 基层民主协商重在制度，成在规则，健全程序性规则和程序性制度，有利于进一步推进协商民主的建设和发展。

首先，协商成员的产生。基层广大群众是协商的主体，这一点，

---

① ［德］尼克拉斯·卢曼. 法社会学［M］. 宾凯, 赵春燕, 译. 上海：上海世纪出版集团, 2013：136.

任何党政部门进行组织统筹都不能本末倒置。乡镇协商会和村民议事协商会只是党领导下组织构建起来的协商平台，人民群众利用这一平台进行协商对话。在协商成员的产生上，要兼顾党内党外的比例，兼顾界别、民族、年龄、职业、性别等比例，坚持"统筹兼顾、全面安排"的原则。

村（居）民议事会成员和镇协商会成员的产生办法不同，数量和比例也有所区别，逐级经协商和投票产生，充分考虑成员是否具有广泛代表性和突出的协商能力。根据中共彭州市委统战部 2013 年 11 月印发《彭州市社会协商对话工作手册》，彭州、崇州各乡镇、村、社区产生协商成员的经验可以借鉴："村（居）民议事会成员以村（居）民小组为单位，每 5~15 户产生 1 名村（居）民代表；再以村（社区）为单位，按每个村（居）民小组 2~4 人的名额，在村（居）民代表中产生村（社区）议事会成员。成员总数 20~50 人，其中村（社区）、组干部不得超过 50%。镇协商会成员按照每个村 1~3 人的名额在村（社区）议事会成员中协商产生。成员总数为 20~60 人，其中镇机关干部不超过 2 名，村（社区）干部不超过 25%。"尤其值得注意的是，在 2013 年崇州各试点乡镇、街道协商会议的协商成员当中，"民主党派、无党派、民族宗教、新阶联、新型职业农民、农村乡土人才代表的比例占到协商成员的 10%~15%"，且这个比例呈现增高趋势，体现出基层民主协商程序设计的统一战线特色。尤其是新兴职业农民和农村乡土人才，不同于传统的农民，他们可能是进城务工农民工返乡经营生意，成了个体户，也可能是退休养老的教师，也可能是自由职业者。这些农村的新兴人群在不断增长，成为新的基层统战对象，统战对象在下移，可是基层统战工作迟迟没有跟上。这部分人的政治参与意识和协商能力较强，能够在村民议事协商中脱颖而出，有效带动了协商的氛围和进程，促进了基层民主协商的高质量发展。统一战线工作借民主协商之力开展基层渗透，创新了基层统战工作的思路和方法。

协商成员产生的科学性和代表性，直接决定了民主协商的性质和方向。因此，成员产生的过程要高度公开透明，接受监督，且要严格充分地听取民意。协商成员应当实行任期制，到期或任期内设置增补和罢免的规则。不仅如此，在成员确定后，还要对协商会成员的权利义务进行培训，并进行严格的履职管理，包括其与所代表群众的联系程度、撰写协商议题的能力等。这些都应当在各乡镇、街道、村（社区）具体的协商议事细则中有所反映。当然，协商成员的数量、构成、比例等应当本着因地制宜的原则，灵活处理，但应在基本原则和理念上尊重民主协商的价值。组织引导部门以搭建平台为主，减少行政干部在协商成员中的比例，多在程序和规则的科学性上下功夫，尽量减少对民主协商的直接干预。

其次，协商议题的确定。协商议题是基层民主协商会议的核心，协商议题的提出、审查和确定都应当在会议召开之前提前公示，因此，议题的产生需要组织者和协商会成员广泛充分地反映群众协商诉求。《决定》指出："协商民主的议题应当围绕着经济社会发展重大问题和涉及群众切身利益的实际问题展开。"① 基层民主协商普遍涉及群众切身利益相关的实际问题。"群众之事无小事"，任何一位基层群众提出的议题，即便他不是协商成员，也应当给予充分的重

---

① 《中共中央关于全面深化改革若干重大问题的决定》辅导读本［M］. 北京：人民出版社，2013：29.

视和答复。当选的协商成员有提出协商议题的权利和义务，他们的积极性比较高，代表性也比较强，应当在各级协商会召开之前的相当长时间内广泛征集议题，以充分反映基层群众的多元化利益诉求。

村（居）民议事会议题为涉及本村（社区）范围内村（居）民切身利益和村（居）民关心的事项，但又没有被列为当期会议选题的，可由村（社区）党组织、村（居）委会、村民小组、村民议事会成员、10 人以上村民联名提出作为会议议题。镇协商议事会议题同理。议题审查小组负责受理议题，并进行审查，讨论决定是否提交议事会讨论，如存在重复、涉及个别人员等原因，不在协商会上讨论，也需要通知议题提出人，并说明理由，给出答复。在会议召开前一段时间向群众公布议题，便于协商前会议成员做好准备。以崇州市崇平镇 2013 年 11 月 5 日的镇协商会议为例，群众提交了 295份议题，最终确定上会 33 个议题，涉及经济、政治、文化、生态四个方面，全部进行公示，其他未上会的议题，有的由镇协商会议办公室进行了书面回复，有的当面对议题提出人做出了解释，都得到了社会协商会议成员的认可。议题审查小组由会议召集代表和议事会代表参加，为议题的筛选严格把关。民主协商会议毕竟时间和范围有限，不可能解决每一位群众的问题，为提高协商的效率和针对性，应当选出既有代表性，又有协商空间的实际问题。但是，不可因此回避群众反映的难点和矛盾问题。

最后，协商程序的规范。协商人员和协商议题产生之后，召开协商会议的具体程序就需要按部就班进行。基层民主协商的程序并不是千篇一律的，设计出一套模板让其他基层地方简单复制是不现实的。充分发挥基层群众自治的智慧和能力，只要科学合理、灵活高效，并具有实际的可操作性和长效的稳定性即可。在协商过程中，主持人要引导协商成员针对问题进行聚焦，不是一言一语、各抒己见，而是要针对协商议题的多方观点进行博弈，互相倾听理解，并各自进行一定的退让妥协，最终达成相对的共识。一些基本的主持技巧都应当提前进行训练，以确保最佳的协商效果。比如，"如果有多人同时要求发言，那么主席应该询问他们支持的是哪一方的观点，持与上一位发言人相反观点的人有发言优先权"①。任何"民主制度若不能成功地逐渐达成和谐一致的基本共识，它是一个难以运转和脆弱的民主制度"②。即便不能达成共识，也以平等对话、多元利益协调、理性讨论的协商民主原则进行充分协商，达成会议预期效果。例如，在著者参与的彭州市新兴镇断山村的村民议事协商会上，就"农家乐度假村扩大规模"的议题，两种观点的议事代表进行了针锋相对的辩论，支持的一方从发展区域经济、扩大就业等有利方面进行陈述；反对的一方就占用农田的补偿不足、破坏生态环境等不利方面进行辩论，双方有理有据，在村书记的主持下将讨论逐步引向深入，引起全体村民的思考，为村委会和项目投资方下一步的具体调整落实提供了重要的决策参考。

（三）健全检验性制度，落实协商结果运行情况

"协商民主不是形式主义，绝非走走过场，协商结束后及时跟踪协商结果的运用，确保协商的实效性，是制度设计的终端环节。协商会议结束之后，形成一致意见的协商结果比较容易处理，公示之

---

① [美]亨利·罗伯特. 罗伯特议事规则 [M]. 袁天鹏，孙涤，译. 上海：格致出版社，上海人民出版社，2008：8.

② [美]乔·萨托利. 民主新论 [M]. 冯克利，阎克文，译. 北京：东方出版社，1993：94.

后按照协商意见进行解决，经过协商会议加快推进事项的解决；未形成公示的意见也已经在会上进行了充分协商和讨论，决策者结合利益相关方的理由陈述，应当进行下一步的跟踪反馈，结合协商意见就议题内容进行再修正，做出尽量符合利益相关方诉求的公共决策。议题经协商会议和议事会议充分协商，形成的共识要在会议结束之后立即发布。"① 镇协商会的意见共识在经过一定的归纳总结之后，可以为镇党委政府提供决策依据。其中，涉及范围广、群众反映强烈的意见建议，可以上报上级党委政府。协商共识应当以书面形式通知参与协商的成员和提案人员，对于那些未经采纳的提案，或者没有讨论的议题，需要专门在下一届协商会议上给予说明。

下面以崇州市崇平镇"重修崇平大桥"议题为例，探讨协商结果的运用过程。崇平镇大桥修建于 1973 年，曾经是崇平人最重要的交通要道，是外界到崇平的必经大桥。大桥原来只有 5 米宽，2013 年 7 月，大桥因地质灾害严重受损，经过专家鉴定，机动车不能通行，当时群众意见很大，因为对大家的生活造成了极大的不便，但各种原因导致政府迟迟未能修缮。11 月在协商会上再次提出修桥议题，交通局做了解释，也看到了群众的迫切希望，经过社会协商会议平台交流之后，意识到修桥势在必行，于是选择在 12 月底进行动工修缮，2014 年 5 月 1 日正式建成通车。不到两个月时间，一个部门能够启动一座大桥的重建，且在短时间内开工，也是多方沟通协调的结果。在民主协商制度建立之前，市委办局不可能与群众站在一个平台上对话交流，也很难直观了解修桥的必要性和紧迫性，但

---

① 常婧. 当代中国协商民主的政治社会价值及制度构建［J］. 中央社会主义学院学报，2015（2）：28-33.

经过协商议事的渠道难题得到迅速解决，这是基层民主协商结果成功运用在基础设施建设领域发挥作用的一个典型案例。

总之，在协商民主的制度设计层面，体现统战特色，需要强化制度设计，使之具有操作性和推广性。制度设计不是一蹴而就，闭门造车，而是要开门定制度，在民主协商的实践中不断发展和完善，基层民主协商的制度体系才能不断健全。当然，在已有制度设计和探索的基础上，各地基层民主协商要因地制宜，在制度框架下结合本地的基层民主状况和自治程度进行本土化处理和反思，才能真正发挥基层党组织在基层民主协商中的重要作用。

三、"进退两不难"——基层党组织引导协商治理的技术与艺术

长期以来，基层群众自治制度的实行有效推进了群众切身利益问题的解决。乡镇（街道）以下的农村（社区）基层群众生活事务主要通过自治的形式来实现。如果群众利益诉求得不到有效回应，就会使基层党组织社会治理成本提高、绩效降低。基层党组织在社会治理中容易陷入"想管不敢管，敢管不会管，会管管不好，管好不落好"的被动处境，对社会事务的管理"进退两难"。进，可能突破基层自治的制度边界；退，可能产生难以控制的局面和问题。协商民主的理论和实践为基层社会协商治理打开了一扇窗，基层党组织能够借助协商治理的平台重新对自身的功能和定位进行反思重构。党委直接领导协商治理实践模式又在广泛的基层协商治理实践中脱颖而出，为党组织引导基层事务协商正名。党委直接领导协商治理实践具有理论和现实可行性，基层党组织引导群众开展联动协

商，并且上报协商共识，督促协商结果的转化。基层党组织在基层事务的协商民主实践上"进退两不难"，名正言顺推进基层协商民主的发展。

（一）基层党建与协商民主相互促进

基层党组织在宏观的政治协商、中观的社会协商和基层的民主协商中发挥引领作用。协商民主广泛、多层、制度化的发展，根基在基层，起点在基层，难点也在基层。基层党组织引导协商民主一定程度上解决了一些地区党的基层工作缺乏有效抓手的实际问题。

协商民主有效拓展了基层党组织的权责范围，将党建工作的触角延伸到基层。新时代党建工作形势与任务的变化，要求重心不断下沉，更好地服务于基层社会发展与治理的大局。因而，新时代基层党建工作有必要不断改进工作的思路和方法，不断扩大基层党建工作的覆盖面，用新的视角来改进党组织的活动方式。基层协商民主的发展为党建工作创造了前所未有的契机，在基层协商中不断补足党建工作的薄弱环节，开创了基层党建新格局，更新了基层党建工作理念，革新了基层党建工作方式。协商民主拓宽了基层党组织工作的视域，在基层社会形成推进协商治理的工作合力。

基层党建有利于推进协商民主广泛、多层、制度化发展，推动了协商民主在基层社会的有效实现。基层党组织引导协商实践，将协商精神根植到政治协商之外的广大社会基层土壤之中，从层次上做到协商民主的全覆盖，整合了各类社会资源。协商民主的成员有党政干部、统一战线代表人士、普通群众和居民，促进了群策群力、共建共治、公平善治的良好局面，营造了协商民主的社会氛围。基层党组织的引导和统筹，构建了上下衔接、科学规范、有效运行的协商民主制度体系，搭建了上下结合、层层设计的三级协商平台，实现了政治协商制度到县为止的有效延续。协商民主有助于基层党建的发展，基层党建反过来支撑协商民主的基础，二者相辅相成，共同推进社会主义政治文明的进程。

（二）持续完善协商民主制度体系

自发阶段的基层民主协商实践，多集中在民主发展比较早、民主程度比较高的地区，并且依赖于个别杰出的地方领导。然而，基层协商民主不能依靠强人推动，要实现民主的制度化、法治化，应当首先保障协商程序。制度供给是协商民主的基本保证，在协商民主的框架内因地制宜进行创造性转化。这样能够避免集体行动的逻辑所导致的局部治理失效，摆脱"人走政息"的局面，并保证基层协商民主长效有序运行。在制度设计上，应当着重注意协商民主制度与现有政治制度规章的连续性和衔接性，避免朝令夕改导致的无措局面。各地应当由党组织牵头，将近年来基层民主实践的规章制度进行梳理和统筹，在已有制度的基础上进行调整和重构，而不是抛弃既有规定自立门户、另起炉灶。制度设计要兼备必要性、有效性、可行性和长效性。既不能出现制度缺失，也不能为了制度设计而循环反复，增加基层党组织的工作负担。

结合当前基层民主协商的现状和存在的问题，基层民主协商要走得下去，走得长远，应当特别注意以下三个问题：首先，领导体制要顺。基层协商民主发展还处于初始阶段，发展过程中要避免部门利益观念，防止职能部门之间的掣肘，使各部门统筹协作从协商民主中找到解决问题的思路和办法，形成合力，共谋发展。其次，制度设计要精。基层民主协商的制度机制建立过程是一个从无到有，逐步完善的过程，不能一蹴而就，要一张蓝图绘到底，讲究长远可持续发展。要在实践中逐步细化程序性制度，越细致就越有效。协商民主中的每一个角色，包括主持人，都应当接受专业性、技巧性的培训，掌握与群众商量办事的思路和方法。协商民主的制度效能不是很快能够显现的，而是需要一定的制度周期，因此，在具体的操作和协商程序上，要不断结合协商会议召开过程中的经验和教训进行补充、修正和完善。最后，操作运行要实。强调顶层设计的同时，基层的行动更需要设计，这就是顶层和基层之间要形成一个自上而下和自下而上的行为回路。推动基层党组织把制度设计从点对点，达到以点带线、以线带面的规模效应，在推动的过程中需要一批有责任、有担当、有意识、有能力的基层干部把协商民主进一步深入下去，在基层协商民主实务中进一步提升政治能力。

（三）基层政治民主化推进国家治理现代化

基层党建促进协商民主发展，尤其在基层社会治理中拓宽了协商民主的操作空间，这为基层党建和协商民主的互动发展找到了新的着力点和突破口。协商的理念深入人心，既丰富了公民政治参与的有效形式，又延伸了统一战线工作的手脚，更加提升了基层社会治理的程序化、科学化水平，有助于实现国家治理体系和治理能力现代化。协商民主的价值功能可以概括为，"公民通过自由而平等的对话、讨论、审议等方式，参与公共决策和政治生活"①。通过协商的方式有效治理国家，处理现代多元化格局中的利益矛盾，有效促进社会善治。通过协商体系和制度建设，有序实现全面深化改革的

---

① 俞可平. 协商民主：当代西方民主理论和实践的最新发展［N］. 学习时报，2006-11-06.

总目标。

国家治理体系和治理能力的现代化，对党的执政能力建设提出了更高的要求，要依法运用国家治理管理社会各方面事务，不断提高治理能力和水平。"现代国家治理要实现'三化'，即制度化、公平化和有序化。而这样的评价体系，恰与协商民主的'三治'，即法治、善治、理治高度契合。"① 协商民主是党领导人民治理国家的重要政治优势，集中体现在提升现代治理能力，着重体现在党的领导方式和执政方式能否以及如何适应急剧变化的社会利益格局。现代社会治理是系统工程，极其复杂，"治大国若烹小鲜"。基层社会治理效能是检验政府公信力的试金石，社会矛盾的数量多少和解决方式，是检验国家治理能力最有效的金标准。随着现代治理理念在城市治理领域的渗透，基层社会治理成为创新社会管理的重点课题，同时也是考量现代国家治理效度的单位指标。社会治理成效是检验民主形式的最佳参照物。基层民主协商是群众利益和国家体系的自然相遇，通过民主协商的方式，引导基层群众平等对话、理性有序地解决矛盾，是现代国家基层社会治理的有效手段。

然而，协商民主的发展不是一日之功，需要进行长期的探索和持续的实践。民主是一种治理形式，更是一种思维习惯，一种文化形态。以协商民主的制度形式，有效激发群众的协商热情，使协商成为公民生活的自觉习惯和自然的生活方式，成为基层民主的价值追求。基层党组织要从"为民作主"向"以民为主"转变，不断探索协商民主价值理念的实现形式。民主建设需要制度设计，更需要

---

① 叶小文，张峰. 协商民主与现代国家治理的高度契合［J］. 中国政协理论研究，2014（1）：2.

规则意识和能力训练。现代化的国家治理，应当逐步完成从统治、管理、治理到自治的转型。协商民主作为一种民主治理形式，承担着国家治理结构转型过程中民主启蒙的重要作用。公民具备了自觉利用民主权利协调和解决社会矛盾的能力，有助于实现人的现代性，推动实现国家治理的现代化。基层党组织在这个过程中始终处于引领地位，在基层工作中坚持以人民为本位、以引领为本领、以协调为本职、以落实为本旨，为基层协商治理和国家治理现代化的探索贡献力量。

第五章

党集群力统筹协商

党领导人民治理国家，在基层社会治理领域，具体体现为基层党组织统筹各方力量形成解决社会矛盾的有效合力，提升社会治理的综合效能。基层党组织充分听取并主动征求群众意见，协商解决群众不同利益诉求之间的矛盾，将可能酿成社会冲突的事件解决在萌芽状态。基层党组织做的就是事无巨细的群众工作，通过与群众商量办事，增强基层党组织与群众的血肉联系，发挥战斗堡垒的作用。基层工作没有任何大而空的道理可讲，而是积累在点滴小事之间，党群关系也不是空中楼阁，而是通过切实利益的协商沟通不断加深的。群众工作就是人心工作、情感工作。基层党组织是距离群众最近的组织，最了解社情民意，也能最及时地发现问题、处理问题。一方面，基层党组织充分深入协商解决与群众切身利益相关的实际问题，才能用治理小成本得到民心大效益；另一方面，基层党组织与群众深入协商解决民生问题，本身就是推动全过程人民民主的有效实践。做好新时代基层治理工作，有利于构筑社会长治久安的第一道防线，努力铺就人民群众对美好生活向往的第一级台阶。

一、刚柔并济：非线性矛盾条件下的党建引领与柔性治理

当前，世界百年未有之大变局与中华民族伟大复兴的战略全局同步交织、相互激荡，"全国一盘棋"的巨大制度优势更加显现，人民至上的"中国之治"效能更加突出。从党的十八届三中全会提出大国治理的总目标，到十九届四中全会全面规划国家治理现代化的实现图谱，中国特色的治理实践正在深入进行，并已经取得了相当的成就。基层治理能力是考验国家治理现代化的重要指标，人民诉求的多样化、精细化，促进基层党组织全方位提升领导力、组织力、动员力、协调力，统筹各方资源解决群众急难愁盼问题。

（一）发挥基层党组织的战斗堡垒作用

在国家治理体系的大棋局中，党中央是坐镇军中帐的"帅"，车马炮各司其职、布局分明。在基层地方治理实践中，全国近五百万个基层党组织就是坚强的战斗堡垒，深入贯彻落实党中央的决策部署，逐步强化基层社会治理的刚性领导力。在新冠肺炎疫情形势下，社会治理环境的变化深刻复杂，各地基层党组织严格落实"人民至上"的执政理念，体现了"党领导人民治理国家"的强大制度优越性。在一手抓疫情防控、一手抓经济社会发展的艰巨任务面前，基层党组织承担着安全和发展的双重责任，取得了良好的治理效果。

在党中央的坚强领导下，地方治理也要布好属地的"棋局"。城市党委就是社会治理的指挥和调度中心，党委发挥好中枢作用，各级各部门以及社会力量形成合力，这盘棋才能下活。作为地方治理的中枢，党委的坚强领导不仅体现在"力度"上，更体现在"效

度"上。一方面，在党委领导下，形成多元社会力量全面参与的共建共治共享的治理体系，城市党委引导政府、社会、公众等多元主体共同成长，并促进主体间的相互关系，形成地方治理的良性互动；另一方面，多元主体为基层党组织提供支撑力量，从不同侧面夯实党的领导基础和执政基础，为国家治理体系和治理能力现代化提供领导力、公信力、凝聚力、创造力。

在地方社会治理实践中，基层党组织不断提升执政能力，夯实执政基础，同时发挥协调各方的统筹作用，解决社会综合治理中的实际问题。首先，增强敏感力，强化政治意识。基层党组织要在突发公共事件发生时的第一时间自觉提高站位，为上级党组织提供决策依据，增强对事件的有效回应能力。充分总结经验，以治理难点倒逼治理思维，形成突发公共事件的处置和防控体系。其次，发挥领导力。提高组织领导力的前提是要加强党组织的自身建设，坚持顶层设计与多层推进相结合，促进城市治理既要在各级党组织的统筹部署下进行，又要激发基层党组织特别是城市社区的战斗堡垒作用。再次，发挥协同力。社会治理多管齐下，统筹同级部门进行综合治理，促进政府、政协、人大等渠道协同共治，并统合各职能部门组织资源调度。最后，增强培育力，孵化社会力量参与治理。例如，积极引导社会组织、人民团体等以不同形式服务社会治理，提高全社会参与治理能力，发挥优势、补足短板、增强实效。

（二）形成社会多元主体参与的柔性治理机制

进入新时代以来，人民群众对美好生活的向往更加迫切，与不平衡不充分的发展之间的固有矛盾呈现纷繁多样的形态。群众诉求呈现更加零散化、个性化的趋势，"出门右转找政府"的线性解决方案明显无法解决超大规模的个体问题。基层治理反映一线治理压力陡增，群众反映的很多问题无法直接在反映到的部门那里得到回复，涉及的权责交叉、调动困难等问题普遍存在。群众需求无法直接得到快速的单线反馈，只能通过非线性的方式解决问题，治理效率和反馈速度自然受到影响，迫切需要基层党组织在社会治理领域不断开拓新思路，整合多方主体有力有效协商解决群众的实际困难。

社会治理是复杂的多元系统，包含一定公共组织在内的若干子系统。国家与社会、政府与市场、政府与公民、社会与公民之间，构成社会治理的多个中心，这些治理中心之间围绕公共利益相互交叉，形成多维度多层次的治理格局，存在较大的博弈和协商空间。现代治理中的社会治理主体多元化，造成社会治理过程不再是单向度的，而是越来越趋向于多中心、多向度、多角度的社会治理格局。城市社区（行政村）是社会治理的最小单元，多中心治理在社区治理方面体现了越来越重要的操作意义。在新型社群关系中，利益关系的社群化带来多中心治理的显著转向。社区治理的多中心转向，要求基层党组织提升社会动员力，调动社区及其相关的政府组织、社会组织、居民自治组织形成社区治理合力，成为基层党组织直接解决群众利益诉求的柔性补充。党的十九届四中全会提出，建设人人有责、人人尽责、人人享有的社会治理共同体。社区治理要广泛动员、充分激励，在日常生活中形成共商共治共同体。社区党组织在多中心治理中应当强化自身建设，加强协作，树立"大党建"意识，将社区党建与辖区内的党建、机关党建、居民党建结合起来。倡导"支部建在业委会"，用串联的方式促进与居民群众合作党建，"以党建带共建"，形成共建共治共享的良好局面，以最大限度提升社会治理效能。

二、大城小事：胸怀"国之大者"，办好"关键小事"

习近平总书记强调，民心是最大的政治。在社会治理的范围内，任何与群众生活密切联系的实际问题，都是关系民心所向的重大政治问题。国家治理体系和治理能力现代化，随着人民对美好生活的向往和追求而逐步升级，并持续推进，在这个动态过程中，基层党组织既有由人民诉求倒逼而产生的社会治理被动紧迫感，也有不断创新渠道、主动解决群众困难问题的主动创造力。社会治理的重点在基层、基础在基层、关键在基层，距离群众生活越近的地方产生的社会治理重点就越多。习近平总书记多次强调社区治理的重要性："社会治理的重心必须落到城乡社区，社区服务和管理能力强了，社会治理的基础就实了。"① 在城市社区、乡镇农村，群众需求与政策供给的差距就是社会治理需要提升的空间。对于基层党组织而言，办好群众的"关键小事"，就是胸怀"国之大者"的最大体现。

（一）政治工作：维护社会稳定的大事——国计

中国特色社会主义最本质的特征和最大优势是中国共产党的领导，党领导力的强弱关系到国力的兴衰。加强党的执政能力建设，提高党的建设科学化水平，巩固党的长期执政地位，关系到中华民族伟大复兴的前途和进程。习近平总书记在庆祝中国共产党成立100周年大会上深刻指出："中国共产党根基在人民、血脉在人民、力量

---

① 中共中央文献研究室编. 习近平关于社会主义社会建设论述摘编［M］. 北京：中央文献出版社，2017：127.

在人民。"① 提高党的执政能力，集中体现在提高党解决人民实际问题的能力，这是关系到社会稳定和人民幸福的关键，也是落实"以人民为中心"发展思想的生动实践。

随着我国开启全面建设社会主义现代化国家新征程，应对现代社会较高风险因子的问题逐渐凸显，风险社会的演化使社会治理的复杂性和不确定性逐步增加。国家治理现代化的进程，就是不断提高风险处置能力和应急决策响应机制的过程。基层党组织与人民群众关系最为密切，了解和接触群众的切身利益，要提高防范化解社会风险的能力，提升风险社会治理水平。基层社会治理如何抓住风险防控的战略机遇期，发现信号，解决问题，成为实现治理现代化目标的关键。基层党组织作为城市治理的中枢，急需协同政府和社会构建环节完整的决策响应体系，做到风险治理的"一键启动"，避免"小事"变大，在短时间内酝酿演化出复杂深刻的社会矛盾，加大治理难度。从根源上，基层党组织加强解决群众困难问题的能力，在常态化形势下加强公共突发事件处理的应急机制建设，防患于未然，才能在突发状况面前临危不乱、处之泰然。提升党的执政能力建设，其根本在于提高党的社会整合力，通过与群众协商解决生产生活中的众多"小事"，确保党的领导扎根基层、坚不可摧。

党领导人民开启新的征程，更需要党组织深入群众、扎根基层，紧紧依靠人民创造历史。发展全过程人民民主，让人民群众深入参与民主治理进程，用协商民主的柔性优势形成对科层体制的有效补

---

① 习近平在庆祝中国共产党成立 100 周年大会上的讲话 [EB/OL]. 中华人民共和国中央人民政府官网，2021-07-15.

充。社会治理办的看似都是老百姓的小事，却是关系民心向背的大事。群众利益无小事，身边小事可能关系到天边大事。能干好小事，才能铸就大业。始终与人民群众站在一起，是百年大党永葆生机活力的关键所在。科层体制确保党政令畅通、执行高效，但治理实践是丰富而多元的，仅靠线性关系的科层体制刚性治理无法满足群众个性化的利益诉求。基层党组织增强应急机制建设，提高柔性治理能力，谨防科层体制应对的刚性导致群众诉求解决不及时，容易把小事酿成有社会风险的大事，迫使群众转而到更大范围的"科层体系寻求公正"①。基层党组织深入群众，主动发现问题、解决问题，干好人民群众的身边事，就是为党和国家干大事、成大业。一个政党、一个国家的兴衰大计，就维系在民生小事之上。政治工作的大思路与社会工作的小思路并行不悖、相互依托，二者的本质是一致的，即永远以人民为中心，以人民利益为最高利益。

（二）社会工作：解决群众利益的小事——民生

新民主主义革命时期，中国共产党通过有效的社会整合凝聚最大的正义力量，夺取了最终的胜利。从革命、建设到改革的新时期，党不断完善和提升社会整合力，为实现中华民族伟大复兴的中国梦凝聚力量。基层党员干部从群众实际出发，深刻掌握社情民意，做好社会工作的"小事"，充分整合社会资源实现"全国一盘棋"，就是为国家和社会稳定的"大计"作贡献。从操作层面看，基层党组织在解决与群众切身利益相关的实际问题过程中，自觉与群众协商解决利益问题，取得事半功倍的效果。"与人民群众商量办事"带来

---

① 潘维. 信仰人民［M］. 北京：中国人民大学出版社，2017：165.

党领导人民治理国家的良性循环。首先，群众的知情权、参与权得到保障，增强了社会活力和创造力；其次，政党的社会整合能力得到了提升，基层党组织的战斗堡垒作用得以进一步巩固和加强。

基层党组织是具体实施柔性治理和协商治理的操盘手，根据本地经验，形成了各具特色的治理样本。首都北京作为超大人口规模城市，社会治理难度巨大，且首都的各项工作都在放大镜和聚光灯下接受群众检验和监督，更为首都社会治理设置了极高的首善标准。近年来，北京探索出一条以"接诉即办"为主要形式的社会治理经验，取得了良好效果，满意率连年创新高。办好民生小事，形成首都经验。2018 年，北京市以赋权、下沉、增效为重点，开展"街乡吹哨、部门报到"改革，以街乡群众生活议题为重点，统筹各部门综合协调解决困难问题，形成"接诉即办"经验的最初模板。2019年，在北京市委主导下，各区县探索形成以 12345 市民服务热线为主渠道的"接诉即办"机制，并迅速发展形成规模。2020 年，狠抓"七有五性"监测评价指标体系落实，出台首都社区治理 20 条措施。2021 年，建立"每月一题"机制，出台《北京市接诉即办工作条例》（以下简称《条例》），着力推进主动治理、未诉先办，"接诉即办"向法治化、纵深化发展。2022 年，《条例》出台一周年，北京市人大落实执法检查，持续深化党建引领基层治理，着力打造共建共治共享的基层治理体系。通过"接诉即办"，北京市民解决"小事"更便利、更直接、更有效。放在改革大局中看，"接诉即办"既有效促进职能部门转作风，又为基层减负。一方面，重视群众工作的要求和压力锻炼了基层干部；另一方面，基层干部处理群众问题的能力和情怀也优化了政治环境。协商治理有利于形成"关注小事、关注人性、关注需求"的良好氛围，治理主体自觉从供给侧解决群众的实际困难问题，大大降低了社会风险处置成本，从源头解决问题。国家治理现代化的"大事"能实现低成本与高效率的统一，人民实现对美好生活的向往之路更加顺畅，社会治理成效显著。注重百姓身边"小事"，才能办好执政兴国的大事。江山就是人民，人民就是江山。国计包括民生，民生就是国计。

三、内外联动：以权利融合促进社会融合

国家的现代化始终伴随着工业化和城镇化，中国式现代化是超大人口规模的现代化，超大国内市场与超大规模人口流动相互交织。人口的相对流动与绝对规模，带来社会治理的新困境与新问题。根据 2021 年国家统计局《第七次全国人口普查公报》，2020 年我国人户分离人口数量达到 49 276 万人，超过总人口数量的 1/3。其中，流动人口数量为 37 582 万人；流动人口中的跨省流动人口数量为 12 484 万人，省内流动人口数量为 25 098 万人。人的流动，带来社会组织单元的结构性变革。流动人口逐渐脱离组织化、结构化的状态，成为分散的社会个体，继而围绕新的社会利益诉求产生新的身份认同，实现再组织化。流动人口的规模效应，给社会治理工作带来极大的挑战。这种挑战从单向涌入的超大城市人口吸纳治理，变为双向流动格局下的吸纳—释出综合治理。人口双向流动面临不同属地间的政策管理弹性，为基层社会治理和利益协调带来更多实际困难。国家治理体系和治理能力的现代化，在基层治理领域集中体现为人与环境融合的现代化。社会治理一定意义上就是人口治理，

实现人与生存环境的综合优化，满足人的现代性权利诉求。探索基层社会治理新模式，需要从如何提高人的社会融合程度入手，使广大群众的固化权益和变化权益得到同等程度的重视，使在地人口和流动人口享受规则公平下的权利公平，以权利融合促进社会融合。

大规模人口流动带来复杂的社会融合问题，加之民族地区又叠加了民族融合的问题，给社会治理和流动人口权利保障带来挑战。因此，基层党组织需要在社会治理中通过协商解决不同群体之间的利益矛盾问题，以社会融合促进民族融合。基层党组织通过协商民主的嵌入式治理模式，以权利融合促进社会融合，以社会融合促进民族融合，共同铸牢中华民族共同体意识。

（一）区域流动重扶持

我国是一个多民族聚居的国家，人口的区域流动和跨域流动有效增强了民族交流、交往、交融，促进民族团结，也为基层党组织的社会治理精细化水平提出更高要求。习近平总书记在第二次中央新疆工作座谈会上指出，要从加强民族交流，促进民族团结的高度，推动建立各民族互相嵌入式的社会结构和社区环境。近年来，新疆各地推动构建嵌入式居住格局，逐步形成嵌入式治理新模式。"所谓嵌入式多民族居住社区，是指以社区为载体，多民族互相融合的一种新型的住宅模式。"① 不同民族的居民在日常生活中相互依赖、相互磨合，尊重彼此的生活习惯和宗教信仰，邻里和睦、社区和谐、推动城市社会稳定健康发展。要形成嵌入式居住的社区格局，就要

---

① 艾恒平，张欢. 新疆构建"嵌入式"多民族居住社区存在的问题及解决途径 [J]. 经济研究导刊，2016（13）：54-56，114.

打破现有相对集中的聚居局面，形成政策优惠和多元服务，让人口流动起来，形成交叉嵌入的居住格局，有利于基层党组织及时了解社情民意、协调群众诉求。

伊犁州在打造嵌入式居住社区方面走在前列，在社区治理和群众事务协商机制方面也做出了一些创造性的举措。伊宁市佳和社区是典型的流动人口较多的复合型居住小区，城市人口和周围乡镇人口多民族杂居混居。社区党委致力于以需求为导向，以民族团结为抓手，打造佳和社区各民族嵌入式居住的新格局。基层党组织下大力气解决流动人口和少数民族脆弱群体的生产生活困难，为群众办实事办好事，促进不同群体之间的有效协商、互相尊重、和谐共处。

结合该社区嵌入式居住的格局，社区党委积极主动作为，与流入群众多次召开"社区民情协商会"，了解群众的生产生活需要，真正从群众的角度开展便民利民服务，促进流动人口实现有效社会融合。主要做法有：提高家园归属感，解决居民生活之忧（设置"便民菜篮子""便民奶站"等方便居民生活）；尊重各民族习俗，实现共居共学；"6点半"学校让家长放心、安心（由大学生志愿者担任教师）；特色楼宇文化，唱响"邻里友善，和谐相处"主旋律（"民族团结一家亲"等活动）。佳和社区突出需求导向，以优质服务为宗旨，通过细胞化依存、渗透性和谐、相依性发展，构建新型民族关系，推动各民族嵌入式居住。基层党组织从属地管理和居住地管理双向入手，关键是以人的需求为导向，采取集体协商和入户协商相结合的方式，针对性地解决群众的实际困难，从政策上、服务上、组织上、生活上给群众最贴心的帮助和关怀，形成了文明互让、习俗互尊、卫生共守、家园共爱的平安和谐宜居社区。

（二）跨域流动重服务

随着"十四五"期间内地发达地区对口援疆工作的深入，如何增强新疆维吾尔自治区在硬件和软件方面的吸引力，如何吸引人才并投资落户新疆，是亟待解决的现实问题。硬发展靠投入，软环境靠服务。提升服务管理水平，需要通过有效协商来解决内地务工人员在疆的合理诉求，协调关系，提供高质量服务，吸引更多高层次人才为新疆的建设和发展贡献力量。

在探索吸引内地劳动力来疆、提升流动人口管理服务水平方面，乌鲁木齐市米东区会同安徽省阜阳市颍东区创造了"流出地与流入地区域协作治理模式"，是流动人口社会治理的有益探索。安徽省阜阳市颍东区每年输出大量农民工从事中低端产业，如制造业、建筑业、家政行业等。由于流动人口逐年增多，颍东区在流动人口的管理与服务上开始出现困难，人员已经流出，但大部分户口没有迁出，又很少回乡，管理起来很有难度。对于流动人口来说，他们离乡背井，在居住地和户籍地都很难享受到本地人待遇，面临工作和生活上的实际困难无法解决。于是，颍东区开始探索流出地与流入地双向协作治理，加强两地信息互通，落实"全国一盘棋"的政策，切实为流动人口提供更方便快捷的服务，让他们离乡不离家，能够在外地感受到家乡的温暖和关怀。于是，颍东区先后在几个流入大市建立工作站，并派出工作人员驻站，为流入地的社会治理提供服务，受到广泛欢迎和支持。

颍东区、米东区古牧地东路片区管委会两地分别发挥管理优势，深入加强流出地和流入地之间的信息互通和管理互动，推进层级区域协作，落实基本公共服务均等化和"市民化"待遇，保障流动人口合法权益，全面提升流动人口服务管理水平。安徽省阜阳市颍东区枣庄镇驻东路片区管委会新星社区的流动人口服务站还充分发挥"支部+协会"的桥梁作用，将流动人口的党支部建在社区，与相关的行业协会相结合，建立完善的协商制度，充分实现了信息互通、管理互补、服务互动。工作站支部和协会制度极大地方便了流动人口办事和生活，真正实现了"贴近流动人口办事、贴心流动人口服务"的服务理念。基层党组织利用各种创新的组织协调形式能够减少基层党组织的工作量、降低工作难度，运用群众自身的组织力量协商解决自身的困难问题，提高协商治理的效能。下一步，颍东区还将建立多个驻全国各地的工作站，并将进一步利用好这个平台，不断积累经验，真正从群众需求出发，发挥流动人口协调工作站的优势职能，真正为流动人口提供便捷、周到的服务；建立长效机制，保持工作和制度的常态化，促进对流动人口的服务进一步完善。基层党组织通过有效的协商机制，解决好流动人口的后顾之忧，积极利用政策优势和服务优势，促进经济社会持续健康发展。

第三篇
基层党建引领协商治理的路径与前景

在第一篇理论论证和第二篇的案例论证基础上，本篇试图总结提炼基层党组织在协商治理实践中的经验和规律，并探索在党的领导下通过协商治理实现开放式基层民主之路。协商治理的广泛多层制度化发展，特别是在基层的全面推开，为基层民主和基层群众自治提供了相对完善的理论框架和制度体系，构建党领导下的开放式基层民主模式具备了一定的理论和实践基础。

本篇主要阐述两个方面内容：第一，基层党组织在协调推进协商治理的过程中可以提炼出哪些规律性、有效性的经验做法；第二，党通过加强对基层党组织介入协商治理的统筹和领导，如何探索出一条可持续性的开放式基层民主之路。

首先，从前文的案例分析中可以得出，基层党组织引导协商治理的经验主要表现在四方面：一是从党自身来说，加强对协商治理的顶层设计和多层推进，总结宏观、中观、微观不同层次党的领导核心作用；二是每个层次中党统筹构建新型的"政党—政府—社会"的协同关系，保障协商主体间的良性互动；三是基层党组织在培育和孵化社会协商力量中需要进一步深入，因为社会和公民才是协商的主体力量；四是利用基层党组织制度建设上的先天优势，进行存量制度的优化和增量制度的改革，有利于协商治理的长效化和规范化。

其次，基层党组织引导统筹协商治理全过程，为中国基层民主建设开创了一条开放式发展的道路。开放式基层民主是由"一核"和"多元"构成的。一方面，基层党组织这"一核"的作用发挥效果直接决定了协商治理的效果，加强基层民主建设首先要加强基层党组织的战斗力、领导力、组织力；另一方面，党领导协商治理需要充分开放和接纳多元主体。党只有充分开放社会资源进入协商平台，才能保障协商治理的真实有效以及多元共生的价值追求。

最后，人民民主的真谛是"商量办事"，其中包括党与人民群众商量，更包括群众与群众商量。在充分培育社会力量和公民品格的基础上，开放式基层民主追求共商共治、协商自治的目标。治理为自治打基础。充分开放社会诉求，群众自觉运用民主权利维护自身利益，中国基层民主才能实现永续发展。

第六章

基层党组织引导协商治理的经验和规律

中国特色社会主义进入新时代以来，在习近平新时代中国特色社会主义思想指引下，中国共产党领导的治国理政新理念、新思想、新战略指导新的实践，并逐渐上升为国家制度和国家战略，成为中国国家治理的发展方向。基于对基层地方治理案例的观察，基层党组织在促进社会协商治理的过程中，有意识、有能力发挥统领全局的作用，实现党的领导与多元治理主体间的良性互动，构建"一核多元"基层协商治理格局，并走向制度化、规范化的发展轨道。

在多元协同共治的体系中，基层党组织引导政府、社会、公众等多元主体共同成长，并促进主体间的相互关系，形成协商共治的良性互动。反过来，多元主体为基层党组织提供支撑力量，从不同侧面夯实党的领导基础和执政基础，为国家治理体系和治理能力现代化提供领导力、公信力、凝聚力、创造力。本章试图从地方实践中提炼典型经验和做法，探索基层党建发展规律，确定基层党组织这"一核"在协商治理中应有的功能与定位。首先，纵向来看，加强党对协商治理的领导，前提是要加强党的自身建设，坚持顶层设计与多层推进相结合。基层党组织发挥战斗堡垒作用，要在中央和各级党委的统筹部署下进行。因此，基层党组织要在协商治理中加强战略深度和执行力度。其次，横向来看，党组织要统筹同级职能部门进行综合治理，比如，促进政府协商、政协协商、人大协商等协商渠道协同共治。再次，党要孵化培育社会协商力量，比如，积极引导社会组织、人民团体和公民协商等协商渠道，提高社会参与协商治理的议政能力，补足短板、增强实效。最后，党作为制度设计的主体，要做到优化存量制度、创建增量制度，才能推进地方探索协商治理模式的制度化、规范化、法治化进程。

一、纵向施力：以党建促协商，坚持"顶层设计"与"多层推进"相结合

政党作为国家和社会的纽带，扮演着统合社会需求并诉诸公共权力的中间角色。正如英国著名政治学家欧内斯特·巴特所言："政党是把一端架在社会，另一端架在国家上的桥梁。如果改变一种表达方式，政党就是把社会中思考和讨论的水导入政治机构的水车并使之转动的导管和水闸。"① 这将政党的作用阐释得非常生动而准确。特别是作为长期执政的中国共产党而言，将社会关注的议题导入国家权力的架构中予以回应和解决，是基层党组织的重要职能。这个引导者只能是党，也必须由党来承担。因此，在中国的协商治理实践经验中，有效发挥党的领导核心作用是重要前提。总结基层协商民主的发展历程和党的基层社会治理经验，应当以"党领导人

---

① 王长江. 现代政党执政规律研究［M］. 上海：上海人民出版社，2002：15.

民治理国家"的系统视角，从不同层级突出政党主导的作用。基层党组织推进协商治理，首先，要深入领会中央决策层面对协商治理的顶层设计思路，具备战略力量；其次，要自下而上推动地方各级党委进行制度建设，具备承接力量；最后，要发挥基层党组织的战斗堡垒作用，扎实推进决策部署，具备攻坚力量。

（一）深刻认识党中央协商治理顶层设计

党的十八大报告写入协商民主以来，我国协商民主理论研究和实践迅速展开，充分彰显了党理论建设顶层设计的重要性。十八届三中全会提出协商民主的广泛多层制度化发展，协商民主不再是高高在上写在党和国家文件中的词汇，而是活生生的政治实践；不再只是人民政协的机构功能，而是解决社会发展和人民生活方方面面问题的有效实现方式。

社会主义协商民主需要大力拓展的重点领域是基层协商。中央关注基层，关注基层社会治理中的重点难点问题，关注人民群众切身利益能否得到充分保障。以基层协商民主的方式推进社会治理，解决人民群众的重要关切和矛盾问题，这是当前一个时期基层党政工作的重心。协商民主给基层社会积累的复杂利益问题一个解决的出口，可以将一些棘手的问题和矛盾及时化解在基层，避免群众利益问题越级反馈，有利于社会治理重心真正下沉。这需要基层党员干部进一步转变工作作风，充分联系群众，摆正位置，调整角色，以科学规范的工作程序构建清新实干的基层政治生态。

党中央对协商民主理论的顶层设计内涵丰富，不仅体现了民主政治的实现形式，更规定了协商民主制度建设贯穿于治国理政全过程，并将协商民主的治理功能应用于人民生活的点滴之间。协商民主的真谛是"与人民群众商量办事",这样的"商量思维"是基层社会治理问题的良方。基层党员领导干部只有充分认识协商民主的意识形态化高度和政治价值深度,才能准确把握时代的脉搏,在工作中"到位不越位、作为不难为、领导不主导",有效利用协商民主的程序和方法,解决社会治理中的突出矛盾。

在总结五年协商治理的经验基础上,党的十九大再次聚焦协商民主在社会治理中的运用。指出"有事好商量,众人的事情由众人商量,是人民民主的真谛",并确保人民在日常政治生活中拥有广泛、持续、深入参与的权利。2021 年 7 月 1 日,在庆祝中国共产党成立 100 周年大会上的重要讲话中,习近平总书记又特别提出,要践行以人民为中心的发展思想,发展全过程人民民主,并将人民有效参与的全过程人民民主作为党的百年历史经验写入《中共中央关于党的百年奋斗重大成就和历史经验的决议》。孙中山曾提出,政治就是管理众人之事。确保人民的政治参与权利,就要在"管理众人之事"的日常程序中贯彻协商民主思想,促进协商治理机制的健全完善。协商治理应当成为党执政兴国的系统方法和自觉行动。协商治理既是理念也是工具,促使党能俯下身运用协商的工具进行社会治理。协商治理既是工具也是制度,协商民主与社会治理有机结合,有利于协商治理机制的实现。总之,基层党组织和党员领导干部要深刻认识中央对协商治理的顶层设计,具备基层协商治理的合法性建构能力,意识到基层社会工作对加强党的领导和民主政治建设的重要意义,才能增强使命担当、创新工作方法、力求协商实效。

(二)推动地方党委制度建设,实现逐级联动

地方各级党委在中央顶层设计的基础上,结合本地实际进行协

商治理的实践操作，具有一定的地方创造性，因而各地的协商治理呈现各有所长、百花齐放的格局。协商治理的不同模式不是从来就有的，而是从实践到理论、新的理论指导新的实践的过程中逐渐探索形成的。最初由基层党组织的协商治理经验上升到地方党委普遍推广的典型案例，覆盖辖区范围，最后形成相当规模的协商模式。党委直接领导协商治理实践模式即如此，最初由彭州市委统战部发起社会协商对话机制，继而总结上升到成都市委出台相应制度规定，并在其他县级市展开推行。其他案例也呈现类似特点。这些协商治理效果良好的案例均源于党的领导核心作用和制度建设作用的推动。

1. 建立党委直接领导的协商治理中枢机构

"名不正则言不顺"，机构设置合理才能政令畅通。协商民主制度化是党的十八大之后广泛落实的政治任务，很多地方还处于初步探索或者经验总结时期，并未形成专门的机构和编制，主要领导也是由班子成员兼任。然而，随着协商治理的全面推进，各地党委需要改变这一面貌，充分发挥党委领导这个核心，建立专职的协商治理工作机构，形成统一领导，便于资源整合协调。党的十八大之后，基层协商在党的领导下全面展开。

2. 构建环节完整的协商治理三级联动制度

协商治理如果停留在以会议落实会议、以文件落实文件的层面，就沦为形式主义的自娱自乐。协商治理的实效性体现在，从机制上保障协商议题从产生到解决的全过程。从地方案例中，可以提炼出有效的治理模型——"三级联动机制"，也就是建构起从社区（村）到街乡，再到区县的逐层过滤结构。基层协商治理的范围主要是群众生产生活的场域，与群众切身利益相关的实际问题出现在社区和村，然而这一级别属于群众自治制度的范围，如果群众依靠自身力量无法协商解决，就需要上升到街道（乡镇）这一行政级别，而有些涉及资源和财政等重要权力的部门需要区县一级才能最终落实，因此，起码要保证这三级能够随时联动起来，由协商治理领导机构统一调配。

（1）社区（村）是基层群众自治组织的最小单元，这一级群众的意见建议是最集中也是最繁杂的。然而，长期以来，社会工作的严重缺位导致自治效果欠佳，问题上涌。从积极方面而言，这一单元有最大的作为空间。

（2）街道（乡镇）是民主善治的基层试验田，是相对独立的具有一定整合性的机构平台。要避免地方为出政绩而落入两个陷阱：第一，仅停留在碎片化的事务性协商，未形成政务协商和民主协商氛围；第二，能人、强人推动，人走政息，往往是主导者离任了，这项工作也就偃旗息鼓了。要走出这两个陷阱，就需要施力摆脱一定的发展周期律。对街道（乡镇）来说，实行可操作的民主协商程序之后的第一个拐点，就是党组织主要领导更迭带来的政策延续问题。因此，在街道（乡镇）这一层面，需要持续推进协商治理机制建设从觉悟到制度，从制度到制衡，确保协商治理的制度性和长效性。

（3）最后一级就是县区级。基层事务是逐步逐级沉淀的，县区级是群众协商议题和事务的终端，也是出口。作为县区级层面，除了制定政策、理顺机制之外，还需要面对的是协商产生的群体性代表性问题，在县区级层面与负责部门统筹协商解决逐级沉淀下来的"疑难杂症"。越是历史遗留问题和难度大的问题，越需要县区级的全面统筹协调，特别是县区级党委的大力支持。

基层协商治理结构形成以后，有效建立起街道（乡镇）和社区（村）的缓冲地带。基层党组织的工作方法由被动的质询转向主动的征询，主动协商，增强党的执政基础，赢得群众的深度信任。

3. 健全与联动制度配套的职能响应机制

地方党委直接领导协商治理，保证了协商的实效性和真实性。但具体的协商结果需要反馈到具体的职能部门解决，也考验行政机构的回应能力。例如，北京市朝阳区委、区政府特于 2014 年 5 月出台《关于统筹推进党政群共商共治工作的指导意见》，成立推进党政群共商共治工作领导小组，由区委书记牵头负责，将以问政议事制度为核心的共商共治工作提升到区级层面，集全区之力保障共商共治工作的组织领导和解决实效。此举为健全与联动制度配套的职能机制做出了有益尝试，并取得了良好效果。共商共治工作流程也从社区（村）、街道（乡镇）、区级三个层面确立了具体的职责分工，确保三级联动，并统筹调配全区行政职能部门为三级联动机制服务，落实三级联动的决策部署。党政群共商共治工作，是在党的领导下，以议事协商会为平台，充分整合党委、政府和多方主体，拓宽群众诉求渠道，丰富民意收集机制，完善为民服务和公共事务决策方式，是党组织探索社会治理方式的综合性创新举措，是党的群众路线的生动实践，是加强基层民主协商的有益探索，是推动社会和谐的有效载体，是完善社会治理结构、提升社会治理现代化水平的重要举措。

基层协商治理工作需要统筹协调，步步推进，不是一蹴而就的。应当继续结合实际，坚持自下而上探索与自上而下推动相结合、整体谋划与分步推进相结合、"边探索、边实践、边提升"的原则，以为民办实事为切入点，以保障和改善民生为重点，逐步拓展和丰富共商共治的内容。

（三）提升基层党组织统合协商治理的领导力和创造力

中国共产党是中国特色社会主义事业的领导核心，基层党组织也是基层地方治理的领导核心。2015 年中央出台《意见》之后，基于对基层协商的重视，又专门出台《关于加强城乡社区协商的意见》，对城乡社区协商给予规范性指导。《关于加强城乡社区协商的意见》特别强调基层协商的组织领导问题，指出坚持党的领导，充分发挥村（社区）党组织在基层协商中的领导核心作用。基层党组织要具有协商的主动意识、组织领导能力、统筹协调能力，将协商议事落到实处，并及时向上级党委反馈协商意见，推进基层协商制度化。

基层党组织有效支撑完成党中央的战略任务，在社会治理中发挥着领导者、协调者、保障者的重要作用。基层党组织在街道、乡镇以下群众生活领域发挥重要的战斗堡垒作用，在协商治理体系中更是扮演了"发动机"的角色，启动群众开展协商、动员群众协商自治。真正保证基层群众自治的公共性和科学性，基层党组织是首要责任主体。基层党组织是制度的推动者和执行者，其领导力和创造力体现在统领协商治理的全过程。基层党组织需要大力协调政府、社会组织、公民个人之间的关系。基层党组织需进一步扩大社会组织介入公共协商的广度和深度，培育公民个人参与协商议事的能力，形成相对均衡的协商治理力量，实现政党—国家—社会—个人的良性互动。

　　在中国政治发展历程中，有很多宝贵的治理经验都是由基层生发的，基层党组织的创造性是活跃政治生态的"酵母"。协商治理的大量实证研究都是从地方经验入手，论证其规律性和学理性，推而广之使之上升为新的决策依据的。"有意识地使用政党资源进行社会建设，既能推动各类社会组织和社会力量的有效成长，也能为党的执政提供深厚的社会基础；反过来，新时期党建若能借此与社会建设紧密结合，就能够有效地实践党的群众路线，密切党与社会、党与人民的关系，从而为党的功能发挥创造有效的社会空间，为党的社会基础巩固赢得强大的机制保障。"① 社区治理主要依靠群众自治，社区党组织和社区党员就是辖区大小事务的"勤务兵"。社区党组织人数少、任务重、面对矛盾多、承担风险高，既要具备政府的"脑"，又要具备社区的"心"。基层党组织长期处于群众生活的第一线，大力推进基层协商治理，是政治任务，也是工作方法。通过民主协商的审议过程，基层党组织引导居民亲自还原难题的解决思维，然后在各方妥协的基础上保障公共利益的实现。

二、横向统筹：重构"党—政—社"协同关系

　　基层党组织发挥领导核心作用，结合本地实际对政府公共事务协商制定规则和程序，促进政府职能转变，引领和统筹政府服务于地方协商治理全过程。政府协商较行政协商，在内涵和实施范围上更加广泛，涉及政府向公众提供公共产品和公共服务的全过程，也

---

① 韩福国. 开放式党建：协商民主与群众路线的融合 [M]. 上海：上海人民出版社，2013：3.

关系到政府自身职能转变，是提升政府公信力和服务能力的现实要求。在基层事务协商方面，政府及其职能部门承担了群众事务的整理、反馈和执行工作，整合社会组织协商、公民协商等不同渠道，是基层协商治理的终端反馈主体。

传统的政府行政管理职能设置中，"管理"更加倾向于政府主导下的城乡社区管控，突出强调政府的主导能力，政府承担社会管理的无限责任，出了问题找政府。而现代协商治理则更加倾向于在党的领导下进行政府、市场和社会、公民的良性互动，突出多元主体的参与和协商作用，政府不再兼任"裁判员"和"运动员"的双重角色。当然，政府依然要担当多元治理的主体责任，通过协商民主的方式整合社会资源，为辖区居民提供有效的公共服务和公共产品，并拓宽利益诉求渠道，完善利益表达和协调机制。因此，基层党组织在地方治理战略中应当注重逐步减少政府的行政干预和威权性控制，改变政府与社会的干预和控制关系，突出政府的公共服务职能和执行力建设，重构新型的服务型"政—社"关系。

（一）党委搭建协商平台，增强政府回应力

政府回应能力的强弱是善治水平高低的重要衡量标准。"回应意味着政府对民众对于政策变革的要求做出的反应，并采取积极措施解决问题，是公共管理责任的基本理念之一，是政府对公众所提要求做出超一般反应的行为。"① 政府在面临群众诉求时能及时有效地给予积极反馈，即使不能立刻解决，也能迅速反应、给出方案。政府作为公共产品的供给者，在制度和规则上也应当加强供给侧结构

---

① ［美］格罗弗·斯塔林. 公共部门管理［M］. 常健，译. 北京：中国人民大学出版社，2012：35.

性改革，提升回应能力，解决好群众最关心、最直接、最现实的利益问题。

增强政府回应性的重要途径就是在党的引导和组织下发展参与式民主，接纳广泛社会主体进行多元共治。如果没有群众参与，政府单方面的公共决策就没有合法性。回应，是问与答的统一。辖区群众只有亲身参与公共决策的全过程，才能对涉及自身利益的公共决策提出疑问，要求政府给予回应。针对没有经过群众前期质疑的公共决策，政府只能是被动"应对"而非"回应"。政府应扩大公共服务供给侧的群众参与渠道，引入协商机制就是供给侧结构性改革的一项举措，确保群众从政府的决策源头开始参与，并及时提出意见，矫正纠偏。

在著者参与的崇州市崇平镇党委组织的协商议事会上，有代表提出土地股份合作社的议题。当地推行土地股份合作社政策多年进展缓慢，群众不理解，政府不好办。本来是政府出台的惠农利农的好政策，却得不到应有的反馈和效果。第一届社会协商会议上，农发局、国土局等相关职能部门出席，协商代表终于有机会提出他们的疑虑："政府鼓励农民搞土地股份合作社，但是在河东片和河西片政策不一样。在土地股份合作社的基础设施投入上，崇平镇和河西片区相比投入太少，卖粮也难，私营公司收购刻意压价，风险太大，农民根本不敢参与土地股份合作社。"在协商会当场，经过充分讨论，崇州市农发局局长第一时间回应："在土地股份合作社的基础设施投入上有个过程，代表们的建议很及时。"国土局局长还就土地股份合作社的具体政策进行了详尽的解释说明，并回答了协商代表的提问。

通过一年两届的社会协商对话会议，协商代表充分了解政策、与政府职能部门负责人面对面充分协商，真正参与重大项目的决议过程和制度完善过程。党委要给政府创造平台，建立政府及职能部门之间的利益协调机制。通过协商会议，群众有机会在平台上提出疑问，政府及相关部门有机会面对面解答群众疑问，为提升政府的回应能力、提高政府的公信力打下良好基础。

（二）党组织构建协商机制，促进结构职能转变

在管理型政府向服务型政府职能转变的过程中，需要着力提升政府对社会诉求的反应能力和解决能力。基层党组织统筹建构协商治理机制，促使政府找准自身定位，变被动管理为主动服务，在群众充分参与协商的前提下强化服务的供给侧结构性改革，引入协商工具满足服务型政府的需求，重建服务型"政—社"关系。

1. 从"为民作主"到"以民为主"的转变

从管理到服务的职能转变不仅体现在理念上引入协商治理，更重要的是在行动上贯彻协商的程序，让协商成为任何公共服务的先决程序。没有经过充分协商的政府行为，群众对政府回应效率不满，政府常常感叹"没想到决策层对民意的估计和真实的民意之间会有那么大的偏差"。政府一厢情愿"为民作主"，但往往换来群众的不理解、不认同，甚至是反对。"由于衡量标准非常不精确，政策制定者就很难确定问题的重要程度，也不知采取何种措施比较有效，更别谈是否应该采取行动了。"① 引入协商机制之后的服务供给侧，政府退到组织者和协调者的角色，从"为民作主"向"以民为主"的

---

① ［美］詹姆斯·E. 安德森. 公共政策制定：第五版［M］. 谢明，等译. 北京：中国人民大学出版社，2009：18.

转变，让群众自身成为决策的主人，充分参与、提出诉求，政府负责执行协商共识，摆脱了"无限责任"，承担有限责任，协商治理成为政府职能转变的理念，其技术得以实践，并收到事半功倍的效果。

2. 民主管理和民主监督相结合

基层社会治理中行政权力的边界很难把握，需要以协商民主的方式进行民主监督。"协商民主具有一种内在的张力，能够通过实现自身作用的转化和功能的提升来更好地为国家治理现代化服务，从而强化国家治理现代化民主监督的功能，有效规范公共权力运行。"① 协商本身就是一种监督形式，行政权力实施的全过程需要接受群众的质询，这是事前和事中的监督，比事后监督更有效力。

基层协商治理的一个重要议题是征地拆迁，例如，崇平镇很多群众对政府集中安置进展缓慢意见很大。由于集中安置需要按照政府统一规划进行，不允许自家翻修，等政府的集中安置又等不起，群众长期生活在危房中，切身利益无法保障。崇平镇党委组织相关职能部门召开议事协商会议，推进项目进展。党委直接领导协商治理、实践治理，用公众的监督效力间接给职能部门上了"紧箍咒"，倒逼政府改进服务质量和服务效能。政府利用协商机制把问题化解在平时，在协商中消解群众的情绪，掌握事态的主动权。通过议事协商平台，实现民主管理和民主监督相结合。

（三）党组织设计协商程序，增强公共决策合法性

基层党组织统筹多方协商并设计严密的协商程序，将公众意见与诉求作为重要考量因素纳入地方政府的决策过程中，从而使决策

---

① 方刘松，蒋建新. 协商民主：推进国家治理现代化的有效机制［J］. 黑龙江社会科学，2014（4）：35.

更具有民主特质和程序正义的合法性。协商过程从开始的各执一词到最后形成共识，这个过程就是协商的程序正义。协商民主是"政治治理的手段，也是一种政治参与的过程，更是一种民主化、科学化的决策过程"①。协商治理是追求社会公义和人格正义的有效手段，使协商程序自觉成为政府决策的必经程序。

公权力与公民之间彼此互信的合作机制，保障协商治理进入良性发展的轨道。在传统的社会管理中，决策一直是少数人的事，但少数人必然要为决策的失误承担巨大责任和风险。众人的事情和众人商量，这是人民民主的真谛，更是现代社会治理的要义。通过协商治理的方式，政府再也不能只靠强力做事，而必须提升能力。政府能力被概括为八方面："强制能力、汲取能力、濡化能力、监管能力、统合能力、再分配能力、吸纳能力、整合能力。"② 协商治理激活了政府能力中的柔性成分，通过群众广泛参与的方式完成社会有机整合。现代治理是"治"和"理"的结合，因而治理的行为主体不仅是架构在社会之上的政府，也包括社会本身。

温岭党委通过激活人大职能促进参与式预算改革，将人大代表、基层群众对地方发展的意见和建议通过预算审查反映出来，激发了制度弹性，增强了预算程序的合法性，为协商治理提供了切实经验，也是党委统筹协调人大协商渠道的典型。通过基层党组织的统筹引导，政府、人大、政协等公权力行使机构增强协商治理的意识，成为协同治理的多元主体，分担政府的无限责任，政府不再是社会治

---

① 何包钢. 协商民主：理论、方法和实践［M］. 北京：中国社会科学出版社，2008：17.
② 王绍光，胡鞍钢. 中国国家能力报告［M］. 沈阳：辽宁人民出版社，1993：45.

理的唯一主体，新型"党—政—社"关系日趋平衡。

三、孵化培育：增强协商治理的社会力量

中国式现代治理不再是自上而下的行政命令，而是在党的领导下协调多元主体，社会充分参与的横向扁平化协商，强调非政府组织、专业性团体、公民力量统筹协调自发形成良性运行机制。社会组织在基层党组织的孵化和培育下生发强大的协商力量，构建均衡的多元共治格局。社会组织、人民团体、公民个人都是社会力量的协商渠道。在基层党组织孵化培育社会力量的过程中，不断鼓励和支持社会组织承担公共服务，激发社会创造力，培养公民精神和参与能力，推动社会力量在国家治理现代化中发挥更大作用。

（一）大力引导社会组织承接公共服务职能

中国的社会组织发展历程比较短，基础比较薄弱，与很多发达国家的社会组织相比还存在诸多发展困境。有学者坦率指出，"第三世界国家对待社会组织有五种政策选择：防范、无视、收编、利用、合作"①。我们在改革开放的进程中不断强化社会组织的作用，增强认同感和信任感，构建政府与社会组织的互助合作关系。政府和社会组织在社会治理中的目标是一致的，社会组织不断巩固政府的信任基础，补充市场机制，在社会治理上发挥着不可替代的重要作用。因此，社会组织发展从最早依附政府到逐渐具有自身独立性，以社会公共服务为核心，参与党引导下的多元协商治理过程，这个探索

① ［美］朱莉·费希尔. 非政府组织与第三世界的政治发展［M］. 邓国胜，赵秀梅，译. 北京：社会科学文献出版社，2002：68.

是艰辛而积极的。

社会组织的发展与政府职能转变是相伴相生的，政府掌握社会组织的准入机制和管理体制，政府的社会治理手段决定了社会组织的生存空间。长期以来"大政府、小社会"的格局让社会组织的发展受到种种局限，社会力量孱弱又反过来加大了政府社会管理的难度。20世纪90年代之后，随着社会主义市场经济的确立与发展，中国的现代社会发育和成长才逐渐进入轨道，并获得有效的市场经济与法治体系的支撑。① 随着党社会治理理念的转型和社会力量的壮大，"小政府、大社会"的发展态势逐步形成。"政府掌舵、社会划桨"的治理模式，在很多基层地方治理中开始试水。社会组织在政府职能转变过程中承接了大量原本由政府提供的基本公共服务职能，在政府和公众之间发挥桥梁纽带作用，减轻了政府的"无限责任"，成为社会张力的"减压阀"，成为基层社会协商治理的重要主体。

在基层党组织的引导下，广大社会组织主动投身于与群众生活关系最紧密的领域，解决群众最关心的问题，关注那些不易被关注到的边缘角落，用创新的姿态为社会增加活力和创造力，为提升社会治理效能做出重要贡献。例如，上海新途社区健康促进社是一个以公共卫生和健康权益为核心的社会组织。新途社区以国际上比较流行的社区健康干预理念为指导，构筑以社区为基础的干预行动，让公共卫生这个大概念回归以家庭为单位的健康引导。当前，新途社区通过整合优势医疗健康资源，依托政府的支持深入社区开展健康促进服务，迎合了当前大健康、大卫生的概念和需求，结合群众

---

① 林尚立. 民主的成长：从"个体"自主到"社会公平"——解读2005年中国政治发展的意义林尚立 [J]. 毛泽东邓小平理论研究，2006（3）：86.

的个性化诉求来定制健康方案，引入医疗卫生企业进行资金和技术支持，做到了人无我有、人有我优。当地基层党组织在给社会组织搭建平台的过程中也在不断积累着社会治理的绩效。近年来新途社区不断优化服务结构，进行公共服务供给侧的改革和创新。新途社区在流动人口集中的城市建立"新市民生活馆"，为政府分担流动人口社会管理的重担，促进流动人口的健康和社会融合，真正实现流动人口的市民化。社会组织在政府和公众之间起到了功能补充的作用，提升了政府的公共服务水平和群众满意度。

社会组织的服务类别多样化，公共服务的品质也在逐步提升。随着社会竞争压力的增大，政府在社区治理中疏于对公民进行价值引导和心理疏导，社会组织能够在人心的"软治理"方面给予及时有效的补充。例如，北京市仁爱慈善基金会成立 10 余年来，已经发展为广受社会关注的民间慈善社会组织。仁爱慈善基金会除了在助学、救灾、孝德等慈善领域做出建树之外，还在社会治理领域专门成立了"四和"仁爱社区服务中心，为社区治理提供心灵滋养的柔性支持，得到北京市社会工作委员会的大力支持。"四和"仁爱社区服务中心是以"专注心灵成长、助力社区和谐"为目标的社区服务项目，通过组织社区慈善活动和社会参与活动，让志愿者和服务对象一起成长，最终实现居民"身心和乐，家庭和睦，邻里和顺，社区和谐"的目标。基层党组织充分认可社会组织在提供公共服务方面发挥的作用，并不断放宽准入机制，引导社会组织在公共服务的品质上做出更大提升。

（二）积极倡导全民共建共治共享

创新、协调、绿色、开放、共享的新发展理念，以"共享"为落脚点，发展为了人民、发展依靠人民、发展成果由人民共享。党的十九大将社会治理格局概括为"打造共建共治共享的社会治理格局"，在"共建共享"的基础上增加了"共治"，这是社会治理理念的进一步发展，增强了社会治理的利益公共性、多元参与性、价值共享性。这与协商民主的本质要求一致，就是要处理好"三公"的关系，即公共理性、公共利益、公共秩序的关系。① 全民共建共治共享，前提是保障社会治理的公共性，首先要划定公共治理的领域。社会治理的重心下沉，将治理重点放在与群众切身利益密切相关的公共领域，即群众自治领域。全民共建共治共享，是群众自治的实现路径。群众运用公共理性探讨涉及公共利益的现实问题，达到多元主体间的最大公约数，继而保障稳定和谐的公共秩序，公平共享改革发展的成果。

全民共建共治共享的理念符合人民当家作主的本质要求，在地方治理实践中得到广泛运用。例如，广东中山市委、市政府从2015年起全面论证全民共治的理论来源，创造性地开展"全民参与共建共治共享"的行动。市委、市政府发布《关于进一步推动全面参与社会治理工作的意见》，实现社会治理从单维度向多维度转变，从单一化到多元化转变。中山市的实践是全民参与社会治理的排头兵，起步早、发展好，为在全国范围内开展全民治理开创良好局面。特别是党委倡导的全民"齐"参与、"愿"参与、"能"参与、"真"参与和"常"参与的五大参与要素，给基层群众参与型治理和自治提供了有效借鉴。

第一，坚持问题导向，促进全民"齐"参与。问题导向是协商

---

① 常婧. 协商民主理论的结构要素探析 [J]. 云南社会主义学报, 2015 (1): 85.

治理的核心要素，面对问题、解决问题，才能调动群众参与的积极性，保障参与治理的效果。在成都、温岭、北京等地的基层协商治理中，议题的选择是特别重要的方面，也是基层党组织需要重点把关的领域。议题的选择既要贴近群众的切身利益，确保是"真问题"；又要具备一定的公共性，具有可协商探讨的价值；还要符合职能部门的权责范围，有协商的空间和弹性；最后要能形成共识，求得最大公约数，诉诸解决的可行性。议题的利益覆盖范围决定了协商议事的范围，争取选择与大多数群众密切相关的实际问题，而不是关系少数利益相关者的特殊问题，保障全民参与的最大覆盖面，维护大多数人的公共利益。

第二，激发群众积极性，促进全民"愿"参与。长期以来，群众自治的发展困境在于群众参与积极性的缺失。群众对于参与程度不自信和参与结果的不信任，导致参与热情低、参与范围小、参与程度浅，加之党委政府对公民参与的重视程度不够，没有充分动员和激励群众积极参与，群众自治停留在小打小闹、自娱自乐的层面，很难深入。中山市委下决心改变"参与冷漠"的现状，从群众的切身利益入手，聚焦公共服务，打好"民生牌"；聚焦公共文化，打好"文明牌"；聚焦公共安全，打好"安全牌"。聚焦核心问题，激发群众的参与热情，效果显著。近两年"十件民生实事"全部由市民"票选"确定，身边事由身边人自己决定，让群众切切实实感受到了民生工程带来的实惠，自然增强了参与的热情。有些地方自治只是做做样子、走走过场，群众缺乏参与感，即使靠物质奖励吸引个别人参与，也是不可持续的闹剧。因此，任何自治形式都需要强化本体设计，而不是靠外部刺激来激发群众的积极性。

第三，畅通参与渠道，促进全民"能"参与。群众对协商自治有参与热情，还要有参与渠道。拓宽政治参与和公共参与的渠道，各地基层党组织需探索适合本地情况的协商形式。例如，成都社会协商制度通过选举协商代表联系群众制度进行议事，温岭通过激活县乡人大的职能参与议事，北京有些街道通过居民代表联系群众议事，还有网络议事、活动议事、项目议事等方式，不拘一格。中山市在传统参与渠道的基础上，特别增加了通过社会组织、通过基层单位、通过具体项目参与的新渠道，动员群众找到适合自己的渠道进行广泛参与，不拘泥于形式，只要渠道畅通，能够反映诉求即可。社会组织承接了大量政府转移出来的基本公共服务职能，服务群众的基本民生需要，在城市社区扮演了重要的穿针引线的作用；基层单位作为全民参与的最小"细胞"，依托全民治安、全民食安、全民参与矫正社会工作、全民修身和全民公益五个比较完善的项目机制，带动群众人人参与社会治理，人人都是社会建设的主人翁。进一步挖掘新的项目，完善全民参与治理项目体系，实现全覆盖、无禁区、无死角，让社会治理不只是党委政府的事，而成为每个辖区群众的自觉行动。

第四，强化制度保障，促进全民"真"参与。全民参与的"真"，不仅体现在文件里、政策里、政绩里，更多体现在社会治理的实效上。群众感受到参与协商治理的全过程和结果，以及由此带来的改变，才能是真参与、真协商。例如，中山市社会工作委员会的文件"全民参与社会治理，推进社会治理现代化"数据显示，中山全民治安行动自2012年提出争创"全国治安最好城市"以来，警情近两年分别下降11.4%和26.4%；全民治"医闹"行动已实现两年零"医闹",医德医风也大有转变;全民禁毒行动实现了吸毒人员收戒查处率全省第一;全民治火实现了连续三年火灾零死亡;中山市连续五届荣获"全国社会治安综合治理优秀地市"称号,系全省唯一三夺"长安杯"的地级市。这些实实在在的效果和改变,就是全民参与真实性的最好证明。群众是历史的创造者,群众是社会治理真正的主人,只要把群众充分发动起来,全社会就置于透明的监督之下,群众可以参与执法、举报线索,随时随地都是舆情监督站,党委政府的社会治理成本大大降低,效果显著提升。

第五,健全长效机制,促进全民"常"参与。全面参与社会治理,既要"常"参与,也要"长"参与。"常"参与是增加全民参与社会治理的频率,在多次参与中提升协商能力;"长"参与是扩展全民参与社会治理的周期,保证参与过程的完整性。全民参与社会治理不是赶时髦、不是蹭热度,而是需要形成群众协商议事的习惯,让公民参与公共事务成为一种自觉行动,确保不会因为主要领导班子的更替而改变主政思路。当前,大部分省市都成立了负责社会治理工作的社工委,专职负责社会治理改革创新工作,但很多地方的社工委依然停留在传统的监督、管理、预防、惩治的思维中,没有创新思路和改革行动。中山市社工委以全民参与治理项目为抓手,专门设立项目资金,2016 年项目资金总额增至 8 900 万元,保障十余项全民行动顺利进行。

中山模式的"五字真言"破解了地方群众自治没抓手、没渠道、没资金、没效果的困境,值得思考和借鉴。全民参与治理本质上是群众协商自治的一种实现形式,通过全民总动员,为社会治理增加了无数的眼睛和手脚,群众广泛参与、政府积极引导、党委制度设计，确保政党、政府、市场、社会在一个平台上平等对话、理性协商、共建共治共享，全面保障协商自治有法可依、有章可循，切实推进协商民主的制度化、法制化、长效化。

共建共治共享的社会治理新格局，是地方党委以"政党—国家—社会"的结构功能为基础，坚持创新、协调、绿色、开放、共享的新发展理念，倡导全民参与、协同治理的有益尝试。共建共治共享的社会治理新格局真正贯彻"以人民为中心"的思想，以人民的满意度为导向，以人民对美好生活的需求为靶向，使人人能出彩、人人能参与、人人能分享。共建共治共享的社会治理新格局将协商民主机制嵌入社会治理的核心，创造性地改变了权力分配结构，政党、政府、社会、公民开始在一个由协商机制创建的平台上进行对话协商，孵化和培育社会力量，最终导向成熟的公民自治。"让民主运转起来，就是对社会信任、互惠规则、公民参与网络和相互合作诸要素形成的公民共同体寄予了厚望，其潜台词是让民主落实于公民的社会生活，化民主为社群的生活方式。"① 成熟的公民自治就是群众自觉的生活方式，只有这样，民主制度才能取得源源不竭的动力。

党在加强共建共治共享的社会治理格局的同时，也要增强基层党组织的创新活力。加强和改善基层党组织的工作方式，建设服务型和协调型党组织，全面激活群众自治活力，改善现有的利益表达和反馈机制，是当前基层党建工作的重点抓手。探索"党建+"的服务体系创新，以基层党建带动构建社会治理新格局。基层党建要

---

① ［美］罗伯特·D. 帕南特. 使民主运转起来［M］. 王列，赖海榕，译. 南昌：江西人民出版社，2001：89.

在工作中尊重群众的首创精神，进行充分的合理性论证和修正，因时因地制宜完善基层协商治理体系。健全人民当家作主制度体系，要在协商过程中将群众培养成拿得起权利、会使用权利的人。基层党组织在协商自治的空间上有充分的自由裁量权，也承担着引导社会发展方向的重任。党将基层群众培养成权利的主人，时刻牢记为群众谋幸福，牢记并实践着共产党人的初心。

四、从模式探索到制度定型，增量改革与存量优化相结合

基层协商治理稳步推进，各地区在建设协商治理的体制机制上各显其能，涌现出一批比较成熟的典型案例。这是中央鼓励基层大胆创新的积极成效，也是各地充分发挥能动性、针对具体实际产生的有益成果。《意见》明确要求，各地区各相关部门要根据本意见，结合实际，制定具体实施办法。推进协商治理的主体在党，责任在基层党组织。在协商治理成为新常态的条件下，基层党委和各级党组织要担当起统领大局、协调各方的作用，转变工作思路和作风，切实促进协商民主建设的开展，提升社会治理绩效，促进社会和谐稳定。要落实协商民主的理念和价值，必然要从模式探索发展到制度定型。"制度化是组织和程序获得价值观和稳定性的一种进程。"[1]协商民主制度化建设不仅意味着制度本身的确立，更意味着制度背后的协商民主价值的确立。

具体而言，党的十八大之后特别是中央《意见》发布后，各地

---

[1] ［美］塞缪尔·P.亨廷顿.变化社会中的政治秩序［M］.王冠华，等译.上海：上海人民出版社，2008：10.

针对本地实际，已经产生了较好的增量举措，协商治理成果丰硕，应当妥善巩固已开展的有效做法，将协商治理的文件、措施落实到制度上来，并形成品牌，扎实推进。另外，在继续创新协商治理形式的前提下，整合存量，优化结构，形成制度的科学性、规范性、连续性，将协商治理制度体系纳入国家治理现代化的大框架中，加强顶层设计，推进中国民主建设的现代化进程。协商治理的目标不仅仅是维护社会稳定、解决群众诉求，更根本的是培育公民品格、培养社会制度，形成现代化的治理格局。

（一）加强党的领导，理顺基层协商治理的工作机制

协商民主是实现党的领导的重要方式，党的领导应通过协商治理的方式更好在基层得以实现。党的领导是基层协商治理的核心，这一点必须自上而下统一贯彻。而如何领导、如何实现全面领导是基层党建的发展方向。坚持党的领导也不意味着缺乏民主活力。党的领导、人民当家作主、依法治国有机统一，为党对基层事务的领导提供理论和制度上的合法性依据。当然，这样的"有机统一"关系需要强有力的制度体系作为保障，协商治理就是制度体系的其中一环。党的领导在基层协商治理中的定位决定了制度设计的走向和党组织作用的发挥。

首先，地方党委直接领导协商治理实践，在很多基层地方成为首选的制度设计。基层党组织的领导能最直接最有效地保障人民的政治参与权利、保障各职能部门的有机协调、保障群众利益诉求得到集中有效回应。因此，在基层协商治理实践中，由党委主要领导负责，成立协商治理工作小组，统一协调各部门配合执行。充分加强党的领导，由地方党委主要领导直接负责，加大对协商工作的支

持力度，保证协商机制得以顺利实施。

其次，根据本地实际选择党的某部门具体负责协商治理实务。在党委直接领导下，协商治理工作的具体执行部门十分重要，统筹各职能部门开展协商议事、制定规则、反馈落实等，都需要一个与协商职能相关的党的机构来执行。当前，各地已经实施的案例中有宣传部、组织部、统战部、政法委等部门负责的情况，也有一些非党的机构如人大、民政、统筹局等部门负责的情况。无论是温岭模式、余姚模式，还是成都模式，都采取了党委统一领导、党的部门协调推进的格局，成效显著。在党的直接领导下，各地在所辖区域充分开展民主协商的平台基础上，打通协商渠道，整合地区资源，为长期形成的群众反映比较大的协商议题提出解决方案，发挥党组织统揽全局、协调各方的领导核心作用。

再次，党的领导与社会力量有机结合。近年来我国社会事业快速发展，形成了一支具有较强业务能力和较好敬业精神的社会工作者队伍。对于基层协商治理来说，这些社会工作从业者就是基层党组织开展工作的手和脚。"政党—社会—公民"的多维互动模式促进了政党与社会的密切协作，给社会组织和社会工作提供了广阔的成长空间。各地区陆续成立社会工作委员会，政党和社会通力合作，在政党的引导下社会力量充分发展，实现政党与社会的双赢。以城市社区为例，社区协商议事组织由统战工作者、党务工作者、社会工作者等构成，经过系统化、专业化的社会治理技能学习和培训，具备开展基层协商治理的良好社会基础，这是基层党组织开展工作的有生力量。

最后，在党的领导下充分发挥基层政协组织和政协委员的作用。

基层政协组织相对熟悉协商民主的发展状况和工作程序，在协商民主的工作推进上具有先天优势。做好代表人士的工作，充分发挥政协机关和政协委员的影响力和话语权，能够有效引导群众理性协商、共商共治，在协商治理中起到穿针引线的作用。基层政协进一步突出协商治理职能，是优化基层协商治理体系存量的一部分。作为协商民主的重要渠道，基层政协在群众事务协商方面还具有很大的发展空间。

（二）拓展渠道，构建人民利益全覆盖的协商平台

自从党的十八大报告提出协商民主广泛多层制度化建设的要求以来，各地党组织在结合《意见》的基础上探索构建统一的协商平台，争取做到人民利益全覆盖、无死角、无禁区，有力保障人民在日常政治生活中有广泛持续深入参与的权利。

基层协商平台的构建是协商治理体系最基础的一环。基层协商治理的社会覆盖面几乎包含了中国城乡社会各个阶层、群体、单位和社会组织的成员。人无论在单位体制中扮演何种角色、处于何种阶层，在社会生活方面都还原为社会人的身份，社会人的基本生活需要就是基层协商治理的覆盖范围。只要协商组织的成员构成顾及了社会各方面，就可以有效地协调各方面的利益关系。基层协商治理平台不够有效，主要是缺乏系统性的、规范性的利益协商渠道，尤其是党直接领导的利益协商平台不足。

基层协商治理平台是国家治理体系在基层的具体体现，基层协商平台的构建应重点关注以下几方面：首先，基层群众事务有充分的协商渠道，国家层面的政治协商和社会层面的对话协商就有基础，要打通基层协商与其他渠道协商之间的协调关系。七大协商渠道之

间并不是互相隔离的并列关系，而是相互配合、以人民为中心的协调统一关系。其区别体现在，协商的议题分别属于地方、国家、行业、单位与部门的各个层面。基层协商平台是落地协商，是人民利益协商，其他协商渠道最终都要借助这一平台完成转化。其次，平台建设要围绕"人民获得感"这个中心，以人民利益诉求为靶向。基层协商与群众利益零距离，检验"真协商"的标准就是人民群众实实在在的获得感，集中反映为群众的实际利益诉求有没有及时充分得到满足。在一个层级的协商平台上，议题的选择、协商人员的范围、协商程序的设计等细节均要以人民获得感为中心，才能真正体现基层协商平台的特色，体现党为人民服务的政治本色。最后，协商平台建设要层层递进，注重实效。长期以来，基层社会工作进展缓慢，基层协商平台建设相对滞后，社区和乡村治理自治出现诸多无序现象，需要构建统一的协商平台进行规范。如何处理党治和自治的关系，是困扰基层民主建设的疑难问题。基层协商平台的层级建设有效解决了这一争论。社区（村）这个层面是自治协商，反映的困难问题在本层级无法解决的，需上移到街道（乡镇）党委进行职能协商，再无法解决的权限问题，则上移到区（县）级党委协商平台进行决策协商。三级联动的协商平台，为群众自治留足空间，也给党的领导和服务型党组织建设奠定坚实基础。如此，既便于实际操作，避免了传统分散分头的治理结构导致的协商无序、无效化的教训，更促进自下而上的群众利益诉求得以实现，保障国家治理中的人民主体地位。

（三）深度完善，形成完整的制度程序和参与实践

基层协商的长期实践表明，基层协商平台、工作机制和制度建

构，需要深入持久的顶层设计。国家与地方层面的重大问题，主要由政治协商制度、工作机制与平台解决；涉及部分代表性的公共利益问题，由社会协商对话制度解决；涉及群众具体的利益问题，由基层协商平台解决。协商治理的制度化建设永远处于进行时，没有完成时，协商治理的程序和实践依然需要长期的深度完善。

首先，着重进行系统性制度设计。党运用系统思维和系统方法，着重解决协商治理制度体系与现有政治制度规章的连续性和衔接性，避免朝令夕改导致的无措局面。基层协商治理实践需要加强系统指导，将近年来基层民主实践的规章制度进行梳理和统筹，在已有制度的基础上结合协商的精神进行调整重构。制度设计要兼备必要性、有效性、可行性和长效性，既不能出现制度缺失，也不能为了设计制度而重复颠倒，增加行政成本和机构负担，处理好增量改革和存量优化之间的关系。当然，在已有制度设计和探索的基础上，各地基层民主协商要因地制宜，在制度框架下结合本地的基层民主状况和自治程度进行本土化处理和反思，制定真正符合市情、区情、社情、民情的基层协商民主制度。

其次，优化基层协商治理主体结构。程序合理、环节完整是协商民主制度设计的重点，也是难点。协商主体结构的优化是重中之重。参与者是协商过程的主体，人是最关键的要素。为了提高协商民主的质量和实效，就有必要优化协商主体的结构，保障协商过程的正义性、代表性和权威性。第一，平等性条件。基层社会治理状况复杂，涉及方方面面的利益诉求，群众中有相当一部分具有公共意识的人，也有相当一部分利益直接相关者，还有处理公共问题的决策者，怎么保障这些有思想有诉求的人能机会公平、规则公平、话语公平地参与到民主协商过程中来，是协商民主主体性优化的关键问题。协商民主主体的平等性，就是要让有问题想表达的人有充分的机会，且保证表达内容的真实性。第二，代表性条件。协商代表的水平和覆盖面直接影响协商的效果，因此，代表性的强弱至关重要。诸如人格品质、文化素养、理性程度、协商能力、群众影响力等都是影响代表性的关键因素。因此，要在产生代表之前充分酝酿，多次沟通，采取合理的适合的方式产生代表。目前，通用的方法有：推选制、利益相关者参与机制、随机制、平均代表制等。这些方法可以根据地方特点相互结合运用，最关键的是要适合地区发展实际，避免民意代表不能代表民意的问题。党组织对代表的培训和影响也非常关键，要避免观点上的引导，维持其天然代表性和思想性。要注重方法和技巧的引导，让代表们能充分理性地阐述观点，充分沟通妥协达成共识，这样才能使协商结果有成效。

最后，强化协商成果的实效性。协商成果得到落实的协商才是真协商。第一，确保协商成果的质量。协商成果不是简单的相加，而是经过理性的加工和整合之后的高质量共识。应当减少职能部门对议题的干预，只确定顺序和可行性，没有否决权。如果协商议题被无端加上一个公权力的"过滤网"，只协商那些希望被协商的议题，而群众关心的真正议题被"无形之手"过滤掉，那必然影响群众对协商的信心，也直接影响协商的初衷和效果。因而，在保证协商议题全面广泛的基础上，要把握好协商的针对性和成果的反馈性。第二，建立有效监督机制。人民群众是推动社会协商治理的根本动力，党领导的协商活动只有时刻处于群众监督之下，并建立严格的协商议事考核制度，协商结果才有可能得到落实。因此，基层党组织可以充分利用新媒体、自媒体、"互联网+"等形式，全方位、广覆盖地建立健全监督平台，并将历届协商议事的群众反馈情况与干部考核任用直接挂钩。基层干部要对协商充满责任感和使命感，克服随意性，增强主动性。党组织引导群众参与协商治理过程，让群众认识到协商民主的实效，激励群众广泛参与协商实践，推进协商治理，推进国家治理现代化的进程。

第七章

探索党领导下的参与式基层民主之路

　　中国共产党领导构建的"一核多元"的协同治理格局，核心在"一核"，关键在"多元"。"一核"就是中国共产党的领导，从中央的顶层设计到基层党组织的协商治理实践，党是社会治理格局建设的领航者。"多元"就是指包括基层党组织、政府及职能部门、社会组织、公民个人等在内的广泛参与的多元治理主体。协商治理始终体现着党和人民群众的血肉联系，党的引领作用和人民的主动性、创造性相互呼应。通过党的建设引领社会建设，通过政党资源撬动社会资源，基层社会逐渐形成开放的治理格局。党已经通过协商民主的形式创新了协商治理的模式，应当进一步加强对基层党组织介入协商治理的统筹和领导，逐步探索出一条参与式的基层民主政治建设之路。

一、"一核多元"的参与式基层民主

　　中国共产党的领导是参与式民主的"一核"性特征，而社会利益的分化又给社会治理不可避免地带来"多元"性特征。"一核多元"的参与式基层民主建设，充分体现了民主与集中的辩证统一。毛主席在1944年答中外记者问时深入浅出地阐释了民主和统一的关系。"民主必须是各方面的，是政治上的，军事上的，经济上的，文化上的，党务上的以及国际关系上的，一切这些都需要民主。毫无疑问，无论什么都需要统一，都必须统一。但是这个统一，应该建筑在民主基础上。政治需要统一，但是只有建立在言论出版集会结社的自由与民主选举政府的基础上面，才是有力的政治。"① 因此，党领导人民建设充分开放的民主，是基层党组织对人民的多元利益诉求的充分开放，开放协商、开放共治。而开放的基础上还要统一，真正有力的民主是一个核心领导下的民主，而非多元无主的民主。开放的协商需要统一的力量来执行，这个力量就是党。"一核领导、多元共生"的参与式基层民主建设，需要中国共产党具有极高的政治智慧和包容的政治体制来有机融合多元需求。

（一）"一核"有效领导"多元"

党政军民学、东西南北中，党是领导一切的。坚持党的领导是不能动摇的"本体"。但党的领导不是僵化的，而是随着社会发展不断进行改革和完善的。党领导人民治理国家，就是不断满足人民美好生活的需要，实现社会的良善和谐。国家现代治理应当充分发挥协商治理的价值功能，建设党领导的参与式基层民主，有助于实现党对社会多元利益的有效治理。

协商治理是实现党的领导的重要方式。在我国市场经济和改革

---

① 毛泽东. 中国的缺点就是缺乏民主，应在所有领域贯彻民主［N］. 解放日报，1944-06-13.

开放的条件下，社会利益的分化和社会矛盾的复杂性加深，党面临社会治理实践的重重考验。新时代，这种考验和挑战依然存在，必须更加"深刻认识党面临的执政考验、改革开放考验、市场经济考验、外部环境考验的长期性和复杂性"①，使党的领导在完善中坚持，在坚持中完善。

参与式的基层民主建设在本质上是将党的领导与多元参与有机结合。兼顾多元、包容多元，实现不同社会阶层和不同利益群体间的和谐共生，良善有序。协商治理将多元社会主体并列在一个平台上进行有效协商，通过公平理性的讨论，形成多方能够妥协的共识决策。协商治理机制通过协商程序赋予公共决策更强的合法性，使得公权力不能任性，必须通过广泛的协商才能决策实施。参与式基层民主加强对公权力使用过程的限制和监督，使党的领导有效实现。

中国共产党领导中国人民实现国家治理体系和治理能力的现代化，就是通过顶层设计的逐步完善，实现公权力的有限使用。现代化的治理是向善的、符合公义的治理。"善治的基本要素有：合法性、透明性、责任性、法治、回应、有效。"② 大国的治理体系，要在善治的目标之下，按照善治的要素进行建构。"国家治理体系就是规范社会权力运行和维护公共秩序的一系列制度和程序。"③ 政党、国家、社会、市场、公民这些主体需要在共存共生的治理体系中发挥良性互动的作用，协商治理提供了这样一个共存共生的平台。我国是人民民主专政的社会主义国家，国家治理体系的构建要保证人

---

① 习近平. 决胜全面建成小康社会　夺取新时代中国特色社会主义伟大胜利：在中国共产党第十九次全国代表大会上的报告 [M]. 北京：人民出版社，2017：61.

② 俞可平. 治理与善治 [M]. 北京：社会科学文献出版社，2000：10.

③ 俞可平. 推进国家治理体系和治理能力现代化 [J]. 前线，2014（1）：5-8，13.

民当家作主的地位，尊重人民群众的主体地位。特别是涉及与群众利益密切相关的实际问题，要确保重大情况让人民知道，重大问题经人民协商。基层社会治理体系的构建，就是以人民为本位构建开放包容的协商平台，通过公共协商的方式解决利益矛盾，化解社会张力。

（二）参与式基层民主通向共和理想

中华人民共和国的国名充分体现了中国共产党领导人民实现共建共治共享的政治理想。将协商机制嵌入国家治理体系，意义在于打破利益固化的藩篱，实现全民共建共享改革发展的成果。创新、协调、绿色、开放、共享的新发展理念，最终的落脚点是共享，发展的目的和归宿是人民，是重塑人民共建共享的政治理想。我们已经建成惠及十几亿人的小康社会，全面小康就是全体人民共同享有发展成果的小康。

中国通过协商治理构建参与式基层民主，与全民共和的政治理想的耦合由来已久。《史记·周本纪》最早描述共和：召公、周公二相行政，号曰"共和"。这里的"共和"就有二人联合执政的意思。"共"是二人或多人协同，"和"字从禾从口，是调五谷以合众口的意思。所谓众口难调，共和就是在承认个体差异的前提下，找到多方都能接受的一种形式。这也是开放协商的本义，尊重差异，包容多元，用开放文明的协商方式来寻找差异中的共识。近代中国结束帝制统治之后，国人迫切地希望走向一种天下为公的政治体制，共和的核心就是要实现各民族、各阶层、各种社会利益的共存与共生。因此，协商治理与共和理想是内在统一的，在党的领导下实行充分协商的基层民主有深厚的政治土壤和民族情感基础。中国共产党带领人民建立了中华人民共和国，既在历史文化上呼应并实践了共和理想，也证明民主共和在中国政治体制中的适应性。

中国共产党代表中国最广大人民的根本利益，我们的党是中国人民整体利益的代表者，在基层协商治理的实践中，组织最多元的社会利益代表者进行民主协商，达成共识，并落实民主决策，充分体现了共和民主就是协商治理条件下的参与式民主，党在基层的协商治理进程中用开放包容的民主形式构筑通向共和的理想之路。

二、强化基层党组织建设，构筑开放治理格局

"一核多元"的参与式基层民主建设中，"一核"是关键。《中共中央关于加强社会主义协商民主建设的意见》明确指出，加强协商民主建设，必须坚持党的领导，充分发挥党总揽全局、协调各方的领导核心作用，把握正确方向，形成强大合力，确保有序高效开展工作。党政军民学、东西南北中，党是领导一切的。协商治理不是多头治理，不是九龙治水，而是在党的领导下构建多元主体的利益协调机制。党的领导始终是协商治理有序发展的前提和保障，否则，"协商就有可能陷入无休止的争议和对立，或者成为少数利益集团借公众权益之名实现私利的借口和工具"①。借助协商治理的平台，基层党组织强化自身建设，才能有力回应开放的基层民主政治和开放的现代化治理格局。

党的十九大报告强调要进一步加强基层组织的全面建设。提出

---

① 刘杰. 协商民主的中国特色与统一战线的保障功能 [J]. 上海市社会主义学院学报，2013（5）：10.

"要以提升组织力为重点，突出政治功能，把企业、农村、机关、学校、科研院所、街道社区、社会组织等基层党组织建设成为宣传党的主张、贯彻党的决定、领导基层治理、团结动员群众、推动改革发展的坚强战斗堡垒"①。基层党组织是党的战斗堡垒，是党的领导在基层落地生根的推动力量。如何将基层党组织建设成为坚强的战斗堡垒？最重要的是找准定位、搭建平台、利用载体。基层党组织搭建协商平台，既能充分实现真协商的效果，又能借助协商治理的载体强化基层党组织的领导作用，实现主体和载体的互利双赢。

（一）心怀"国之大者"，提高政治能力

习近平总书记将领导干部的政治能力概括为：政治判断力、政治领悟力、政治执行力。基层党组织及其领导干部在协商治理实践中，要特别重视心怀群众利益的"国之大者"，逐渐提高政治能力。基层党组织的政治能力是开展协商治理的可靠前提。要在党的领导下有理有序地开展协商治理，政治能力至关重要。在彭州的基层民主协商试点过程中，该市党委深刻认识到协商活动组织者政治能力的重要性。因为协商议题都是涉及群众切身利益的实际问题，如果协商程序引导不力，便会直接影响到党群关系和干群关系。因此，基层党组织亲自把关，紧紧围绕利益群体的矛盾聚焦，及时上报上级党委，灵活疏通政府决策部门与群众利益，及时把握民情、了解民意，将事件的协商和发展掌握在可控的范围内。基层党组织建设的政治功能通过协商治理的平台得以强化和落实。

成都市新兴镇是遭地震破坏比较严重的一个镇，镇党委政府提

---

① 习近平. 决胜全面建成小康社会 夺取新时代中国特色社会主义伟大胜利：在中国共产党第十九次全国代表大会上的报告［M］. 北京：人民出版社，2017：65.

出群众集中居住的计划，但居民屡次上访反映集中居住推进缓慢、村民生活不便的问题迟迟没有得到解决，在周边地区产生了负面影响。在 2015 年第一届社会协商对话会议上，乡镇党委主动作为，将"集中居住难"作为首项议题，召集利益相关群众代表与会反映情况，同时召集镇政府各职能部门负责人，并邀请上级彭州市国土部门、规划部门、城建部门等相关负责人参与协商会议，并给予及时反馈。该议题涉及利益相关方比较复杂，群众情绪比较激动。整个协商过程由镇党委组织引导，主持大局，严格把握协商议事的政治方向，保障就事论事，避免事态扩大化。党组织积极争取了社会治理的主动权。虽然集中安置居住需要较长周期，很多问题不能当场给出准确时间表，但通过党委组织协调进行有效协商实现了干群对话，并且在社会协商制度的压力下，自下而上倒逼推进了整体工程的进展，最终让群众满意，实现了良好的协商效果。

（二）提升社会整合功能

基层党组织在协商治理实践中需要充分发挥社会整合功能，提升组织力。党的社会整合功能是开展基层协商治理的组织优势，也是基层党组织的天然优势。改革开放以来我国社会利益结构发生了深刻变化，涌现了各种异质化的社会因素，基层党组织要在社会异化的基础上整合社会利益。协调社会关系、化解社会矛盾，团结一切可以团结的力量。基层党组织要善于利用组织优势，将多元社会利益的代表人士组织起来，为所代表的群众充分表达利益诉求，进行协商议事。基层党组织领导基层群众开展协商治理，就是要争取最大范围内的群众的参与和支持，增强基层党组织的凝聚力和组织力。

　　北京作为首都，在社会治理中以"善治"为目标，在人民群众生产生活的最小单元——社区治理上，做出很多新的探索，建立了以乡镇、街道党委领导下的社区协商议事制度。和义街道是丰台区老旧小区构成的发展相对落后的街道，处于新老交替的关键时期，利益矛盾复杂，整合难度大，很多亟待解决的现实问题令社区管理非常棘手。和义街道党委创造性地实施了"社区事务居民会商制"整合多种社会力量，形成了社区事务中各方协同配合、共建共享的良好状态。社区事务会商模式，是指在和义街道范围内所有社区统一开展以"社区事务会商会"为依托平台的议事协商机制。首先，会商活动由街道工委统一领导，确定议题和方向，再进行统一业务指导和培训。然后以各社区为单位，每月召开一次社区事务会商会，着力解决群众实际生活中的困难问题，提前确立并及时公开协商议题，自愿参与和群众推举相结合产生协商成员。街道根据社区提交的协商议题，邀请所涉及的对口单位、相关企事业单位、委办局进行现场答疑。最后，协商结果在会上形成决议，汇总之后由街道监督落实。"社会是由居住在同一社区或不同社区，来自同一文化或不同文化、同一制度或不同制度、同一组织或不同组织的个体成员组成的群体，他们以共同的利益和共同的价值为基础，通过社会组织、政府机构来处理社会事务、提供社会公共服务。"① 街道党委通过社区事务会商的机制来整合不同利益诉求，打出会商品牌，就是以同一社区的共同利益和共同价值为基础，提供良好社会公共服务。

　　传统治理体制下，基层治理者往往想到什么做什么。而在国家治理现代化的要求下，协商治理进程是群众需要什么做什么，真正

---

① 丁元竹. 中国社会管理的理论建构［J］. 学术月刊, 2008（2）: 26.

实现了社会治理由"对"的标准到"好"的标准演进，提升了党组织的社会整合能力，也增强了社会的凝聚力和向心力。

（三）创新工作艺术和工作方法

基层党组织领导协商治理的实践中，要充分发挥基层党组织的工作艺术和工作方法，原则性与灵活性相统一，实现领导基层治理、团结动员群众、推动改革发展的战斗堡垒作用。协商治理强调理性协商，接受与倾听不同意见，并相互妥协，最终达成共识，始终蕴含着合作、参与、对话、妥协、包容的精神，这有益于引导基层协商治理的议事程序。基层党组织应当主动为协商活动主持人和参与者进行协商精神和协商程序的培训，让基层的乡镇干部能够当好组织者、引导者的角色，在协商过程中真正与群众平等对话，组织好、实现好基层协商治理，提高协商议事的水平和能力，推进村民自治的有效性和开放度。基层协商治理的推进，改善了过去基层干部颐指气使的行政习气，开始尝试运用协商的思维解决问题、化解矛盾，对于改善党的领导，提升基层党建科学化水平具有重要意义。

北京朝阳区麦子店街道的"四问"协商工作法充分体现了民生利益和民主权利的互动，是党组织工作方法的有益创新。麦子店街道地处城市核心区，是个高密度、综合性、高端性的综合居住社区。社区人员构成复杂，利益诉求多样，街道层面为各个社区解决实际问题耗费了大量的人力、物力、财力。自2012年起，街道党委协同智库开始实验问政议事协商模式，以群众代表提案、相互辩论协商、表决通过议题的方式，确定街道重点拨款解决的项目经费预算。经过十年的实践总结和制度优化，麦子店的问政议事程序分为四个阶段，一是问需，二是问计，三是问政，四是问责。首先，问需与调研，通过多种渠道征集民意，看到群众希望党组织"干什么"。通过发放调查问卷、召开居民代表会、党代表会议汇总居民对辖区提出的意见，并将社区急需解决的公共事务形成项目进行陈述和成文，汇总形成年度建议案。其次，问计与决策。就众多群众急需解决的实际问题，召开初选协商会，由街道党委把问需工作以及建议案的统计、审核情况进行说明，同时提出年度建议案的意见。再次，问政与行政。社区议事会推选议政代表进行座谈交流，提出问题的解决方案。在问需和问计之后，已经初步形成了对公共事务的需求和建议。然而，这些群众的声音能否落地，能否成型，成为公共决策的依据，这是决定协商实效性的检验环节。问政要影响行政，"问"与"行"紧密结合，"行"依据"问"，"问"指导"行"。最后，问责与监督。为避免协商实效流于形式，在原有"三问"的基础上增加了问效和问责，实实在在检验协商议事的效果。将街道工作与群众需求密切结合起来，在年底党委考核之前让群众评价治理效果，真正起到监督和制约的作用。

"四问"工作法是一个系统的整体，是街道党委进行群众工作的创新方法。问需——需求侧、问计——供给侧、问政——执行侧、问责——监督侧，这四个环节构成结构性决策链，真正将人民当家作主的权利具体化为可以量化的程序和制度，构成协商治理的完整"闭环"，保障人民群众在基层社会生活和政治生活中具有广泛、持续、深入的参与权利，真正提升党组织的执政能力和治理水平。

三、多元主体共商共治、共建共享

当协商成为政治生活的基本逻辑，民主也就发展成为一种普遍的生活方式。协商治理在基层社会广泛实现，使得中国民主具有深厚的社会基础，人人可掌握协商的方法。参与式的基层民主，就是通过合理的协商渠道参与公共生活，公民具备协商自治的能力和机会。孙中山先生在《治国方略》中提出，构建中国民主政治的发展需高度重视公民自治和社会根基，并且主张通过地方自治给民主发展以实际的空间。协商治理的制度设计旨在拓宽公民参与国家治理的途径和形式，保障公民参与国家治理和社会治理的权利。民主参与是民主管理和民主监督的前提和基础，只有保障公民对公共事务的参与权，才能实现人民当家作主。健全人民当家作主制度体系，核心在于让人民更多地参与公共事务。基层协商治理对广大公众开放，是最接近民主实质的设计，是基层群众开展高质量协商自治的训练，是全民治理的先行先试。

（一）协商治理——最接近民主本质的多元开放治理

社会主义民主体现为人民当家作主，其内涵包括两个层面：一方面，人民掌握国家权力；另一方面，人民参与经济文化事业和社会事务的管理。党领导人民治理国家，就是领导人民通过民主形式实现民主权利的过程，就是不断提高民主条件和民主能力的过程，即实现国家治理现代化的过程。

民主理论经历了悠久的历史，从雅典城邦一人一票的广场民主发展到选择代理人实行民主权利的代议制民主，可谓现实主义制度建构的飞跃。城邦每个公民都有决定公共事务的权利，谓直接民主；代议制民主通过民主选举代理人来执行公共事务的决策，是间接民主。社会主义民主政治的两种形式——选举民主和协商民主，正是综合了直接民主和间接民主的优势，超越西方代议制民主，继而发展成为人民代表大会制度和社会主义协商民主制度双重制度保障。在两种民主形式的特征上，选举民主对应间接民主，协商民主对应直接民主。协商民主具备直接民主的参与性特征，最接近民主的本质——人人平等享有参与公共事务的权利。在有序的协商民主制度基础上，公民都有权利对涉及自身及其公共范围内的事务进行合理表达，不需要选择代理人，而是人人直接、平等、理性地参与，体现出直接民主的特征。通过有序理性的参与和协商，民众具有自我管理的能力，将矛盾和纷争解决在初始状态，避免了问题的累积和恶化，实现良性治理。

公民的治理能力不是与生俱来的，是需要长期的参与式实践逐渐锻炼和加强的。群众自治的扩大是现代化治理的重要标志，不仅降低了党和政府的治理成本，也提高了群众对公共生活的满意度和幸福感。协商治理为公民自治提供了制度依据和训练平台，提升公民议事能力和公共理性，为更大范围更深程度的群众自治打下了基础。在中国特色社会主义道路下国家治理现代化的转型中，协商民主为社会成员进行政治参与提供了更加广阔的空间。参与式基层协商治理推动基层群众自治，基层民主与群众联系最为密切，与人民民主的实质最为接近，真正做到坚持党的领导和维护人民权利的有机统一。改革深水区带来的社会变革加剧了治理难度，社会主义协商民主制度应运而生，在国家、社会、基层不同层面解决了权力与权利之间的对话与合作，是政治智慧和体制改革的创举。一方面，国家通过协商来解决社会治理"最后一公里"的困境；另一方面，社会通过基层民主来反映诉求、维护权利。

国家治理现代化在根本上是人的现代化，协商民主有效培养了公民的民主参与意识和能力。协商治理不只是构建眼前的制度和结构，更要放眼未来的前景。协商治理的目标是通过政府、社会组织、公民团体之间的联合治理，实现更高质量的全过程人民民主。基层党组织领导协商治理，通过有组织的协商实践，构建上下联动的制度体系。参与式基层民主有利于促进培养人民群众的民主意识、民主能力、法治精神，为实现国家治理现代化打下坚实的思想基础。

（二）以参与式基层民主推进基层群众自治

基层协商治理处于协商民主制度、基层民主建设、社会治理创新、基层群众自治制度等四个理论范畴的交叉点，基层协商民主的研究离不开自治制度的健全和完善。基层协商治理的最终目标是健全和完善基层群众自治制度，培育和提升群众的自治能力，正确处理基层行政力量和群众自治的关系。基层群众自治制度，是指除政权机关之外，在基层社会广泛实行城市社区居民自治和乡村村民自治。改革开放后，我国政治体制改革战略将基层民主纳入其范畴，成为国家民主的重要组成部分。逐渐完善制度和法律法规，推进基层自治。1982年，城市居委会和农村村委会作为基层群众自治组织被写入《宪法》。基层民主作为国家民主制度体系的一部分正式被确定下来，基层协商治理和参与式基层民主为其注入了新的推动力量。

社会主义协商民主体系的健全和完善弥补了长期以来在实践中产生的问题，为基层民主和基层自治提供了切实可行的公民协商渠道。社会主义协商民主制度在基层体现为公民协商，为基层民主提供实实在在的开放平台和载体，群众通过民主协商的方式解决自身事务，实现基层自治。长期以来，基层群众利益矛盾得不到合理解决的现象，可以依靠制度性的协商平台进行跟踪落实。公民协商激活了基层民主，充分体现了民主的群众性、有序性、自治性和参与性。① 基层协商治理给基层民主与群众自治带来新的发展机遇，推进从协商到民主、从民主到自治的三级跳，从理论到实践上补足了群众自治的发展空间，人民通过有效协商实现民主管理。

当前形势下，基层协商制度化是健全完善基层群众自治制度的有益举措。中国特色社会主义制度由四项政治制度构成，分别是人民代表大会制度、中国共产党领导的多党合作和政治协商制度、民族区域自治制度、基层群众自治制度。基层协商制度在基层群众自治的基础上自主升级，通过协商实现自治，这是逐步实现国家治理体系和治理能力现代化的必由之路。

党的十九大报告从城市社区自治和乡村自治两方面对基层工作作出部署。在城市，要"加强社区治理体系建设，推动社会治理重心向基层下移，发挥社会组织作用，实现政府治理和社会调节、居民自治良性互动"②。城市社区是各种民生问题积累的重点治理区域，也是社会治理的最后一公里，政府、社会、居民三方合力的协调关系是城市治理主体建设的重点。在农村，"加强农村基层基础工作，健全自治、法治、德治相结合的乡村治理体系"③。无论城市还是农村，协商治理的过程有效盘活了基层民主，基层民主有效提升了群众自治能力，健全基层群众自治制度，推动了公民参与型自治

---

① [美] 詹姆斯·博曼. 公共协商：多元主义、复杂性与民主 [M]. 黄相怀，译. 北京：中央编译出版社，2006：21.
② 习近平. 决胜全面建成小康社会　夺取新时代中国特色社会主义伟大胜利：在中国共产党第十九次全国代表大会上的报告 [M]. 北京：人民出版社，2017：49.
③ 习近平. 决胜全面建成小康社会　夺取新时代中国特色社会主义伟大胜利：在中国共产党第十九次全国代表大会上的报告 [M]. 北京：人民出版社，2017：32.

和现代治理。党加强统筹和领导基层党组织介入协商治理的全过程，必将创造参与式基层民主建设的新机遇，走出一条中国特色参与式基层民主政治建设之路。

参考文献

一、中文专著

[1] 孙中山. 孙中山选集 [M]. 北京：人民出版社，1956.

[2] 毛泽东. 毛泽东选集（第1—4卷）[M]. 北京：人民出版社，1991.

[3] 邓小平. 邓小平文选（第1—3卷）[M]. 北京：人民出版社，1993—1994.

[4] 习近平. 习近平谈治国理政（第1—4卷）[M]. 北京：外文出版社，2014—2022.

[5] 习近平. 决胜全面建成小康社会　夺取新时代中国特色社会主义伟大胜利——在中国共产党第十九次全国代表大会上的报告 [M]. 北京：人民出版社，2017.

[6] 慕毅飞，陈奕敏. 民主恳谈——温岭人的创造 [M]. 北京：中央编译出版社，2005.

[7] 俞可平. 治理与善治 [M]. 北京：社会科学文献出版

社，2000.

[8] 李君如. 协商民主在中国 [M]. 北京：人民出版社，2014.

[9] 韩红. 交往的合理化与现代性的重建 [M]. 北京：人民出版社，2005.

[10] 高建，佟德志. 协商民主 [M]. 天津：天津人民出版社，2010.

[11] 潘维. 信仰人民 [M]. 北京：中国人民大学出版社，2017.

[12] 虞崇胜. 政治文明论 [M]. 武汉：武汉大学出版社，2003.

[13] 李允熙. 从政治协商走向协商民主——中国人民政协制度的改革与发展研究 [M]. 北京：社会科学文献出版社，2012.

[14] 韩福国. 开放式党建：协商民主与群众路线的融合 [M]. 上海：上海人民出版社，2013.

[15] 韩福国. 基层协商民主 [M]. 北京：中央文献出版社，2015.

[16] 谈火生. 审议民主 [M]. 南京：江苏人民出版社，2007.

[17] 陈家刚. 协商民主与国家治理 [M]. 北京：中央编译出版社，2014.

[18] 陈家刚. 协商民主与政治发展 [M]. 北京：社会科学文献出版社，2011.

[19] 陈家刚. 协商民主与当代中国政治 [M]. 北京：中国人民大学出版社，2009.

[20] 陈朋. 国家与社会合力互动下的乡村协商民主实践 [M]. 上海：上海世纪出版集团，2012.

[21] 中国社会科学院哲学研究所. 哈贝马斯在华讲演集 [M].

北京：人民出版社，2002.

[22] 何包钢. 协商民主：理论、方法和实践 [M]. 北京：中国社会科学出版社，2008.

[23] 何包钢. 民主理论：困境和出路 [M]. 北京：法律出版社，2008.

[24] 郑召利. 哈贝马斯的交往行为理论——兼论与马克思学说的相互关联 [M]. 上海：复旦大学出版社，2002.

[25] 谢庆奎，燕继荣，赵成根. 中国政府体制分析 [M]. 北京：中国广播电视出版社，1995.

二、译文专著

[1] [德] 尤尔根·哈贝马斯. 公共领域的结构转型 [M]. 曹卫东，等译. 上海：学林出版社，1999.

[2] [澳大利亚] 约翰·S. 德雷泽克. 协商民主及其超越：自由与批判的视角 [M]. 丁开杰，等译. 北京：中央编译出版社，2006.

[3] [美] 汉密尔顿，等. 联邦党人文集 [M]. 程逢如，等译. 北京：商务印书馆，2004.

[4] [美] 詹姆斯·博曼，[美] 威廉·雷吉. 协商民主：论理性与政治 [M]. 陈家刚，等译. 北京：中央编译出版社，2006.

[5] [英] 戴维·米勒，[英] 韦农·波格丹诺. 布莱克维尔政治学百科全书 [M]. 邓正来，译. 北京：中国政法大学出版社，2002.

[6] ［美］詹姆斯·博曼. 公共协商：多元主义、复杂性和民主 [M]. 黄相怀，译. 北京：中央编译出版社，2006.

[7] ［美］塞缪尔·P. 亨廷顿. 变化社会中的政治秩序 [M]. 王冠华，刘为，等译. 上海：上海人民出版社，2008.

[8] ［美］约·埃尔斯特. 协商民主：挑战与反思 [M]. 周艳辉，译. 北京：中央编译出版社，2009.

[9] ［法］雅克·卢梭. 社会契约论 [M]. 何兆武，译. 北京：商务印书馆，2003.

[10] ［美］塞缪尔·P. 亨廷顿. 第三波——20 世纪后期的民主化浪潮 [M]. 刘军宁，译. 上海：上海三联书店，1998.

[11] ［英］J. S. 密尔. 代议制政府 [M]. 汪瑄，译. 北京：商务印书馆，1982.

[12] ［美］罗伯特·D. 帕特南. 使民主运转起来 [M]. 王列，等译. 南昌：江西人民出版社，2001.

[13] ［美］约瑟夫·熊彼特. 资本主义、社会主义和民主主义 [M]. 绛枫，译. 北京：商务印书馆，1979.

[14] ［英］戴维·赫尔德. 民主的模式 [M]. 燕继荣，等译. 北京：中央编译出版社，1998.

[15] ［美］塞拉·本哈比. 民主与差异：挑战政治的边界 [M]. 黄相怀，等译. 北京：中央编译出版社，2009.

[16] ［美］詹姆斯·菲什金，［英］彼得·拉斯莱特. 协商民主论争 [M]. 张晓敏，译. 北京：中央编译出版社，2009.

[17] ［美］加布里埃尔·A. 阿尔蒙德，［美］小 G. 宾厄姆·鲍威尔. 比较政治学：体系、过程和决策 [M]. 曹沛霖，等译. 上

海：上海译文出版社，1987.

[18] [美] 李侃如. 治理中国 [M]. 胡国成，赵梅，译. 北京：中国社会科学出版社，2010.

[19] [美] 乔·萨托利. 民主新论 [M]. 冯克利，阎克文，译. 北京：东方出版社，1993.

[20] [美] 约瑟夫·熊彼特. 资本主义、社会主义与民主 [M]. 吴良健，译. 北京：商务印书馆，1999.

[21] [南非] 登特里维斯. 作为公共协商的民主：新的视角 [M]. 王英津，等译. 北京：中央编译出版社，2006.

[22] [美] 罗伯特·达尔. 论民主 [M]. 林猛，李柏光，译. 北京：商务印书馆，1999.

[23] [美] 科恩. 论民主 [M]. 聂崇信，朱秀贤，译. 北京：商务印书馆，1988.

[24] [美] 亨利·罗伯特. 罗伯特议事规则 [M]. 袁天鹏，孙涤，译. 上海：格致出版社，上海人民出版社，2008.

[25] [英] 凯特·纳什，[英] 阿兰·斯科特. 布莱克维尔政治社会学指南 [M]. 李雪，吴玉鑫，赵蔚，译. 杭州：浙江人民出版社，2007.

[26] [美] 格罗弗·斯塔林. 公共部门管理 [M]. 常健，译. 北京：中国人民大学出版社，2012.

[27] [美] 詹姆斯·E. 安德森. 公共政策制定：第五版 [M]. 谢明，等译. 北京：中国人民大学出版社，2009.

[28] [美] 朱莉·费希尔. 非政府组织与第三世界的政治发展 [M]. 邓国胜，赵秀梅，译. 北京：社会科学文献出版社，2002.

［29］马克思，恩格斯. 马克思恩格斯选集（第1—4卷）［M］. 北京：人民出版社，1995.

三、期刊

［1］艾恒平，张欢. 新疆构建"嵌入式"多民族居住社区存在的问题及解决途径［J］. 经济研究导刊，2016（13）.

［2］常婧. 当代中国协商民主的政治社会价值及制度构建［J］. 中央社会主义学院学报，2015（2）.

［3］常婧. 协商民主理论的结构要素探析［J］. 云南社会主义学报，2015（1）.

［4］常婧. 协商民主理论的结构要素探析［J］. 云南社会主义学院学报，2015（1）.

［5］常婧. 中西方协商民主理论源起之异探析［J］. 江苏省社会主义学院学报，2014（6）.

［6］陈家刚. 协商民主引论［J］. 马克思主义与现实，2004（3）.

［7］陈剩勇. 协商民主理论与中国［J］. 浙江社会科学，2005（1）.

［8］丁元竹. 中国社会管理的理论建构［J］. 学术月刊，2008（2）.

［9］方刘松，蒋建新. 协商民主：推进国家治理现代化的有效机制［J］. 黑龙江社会科学，2014（4）.

［10］黄国华，吴碧君，王小明. 社会主义协商民主体系视域下

的基层协商民主研究 [J]. 重庆社会主义学院学报, 2014, 17 (6).

[11] 郎友兴. 商议式民主与中国的地方经验: 浙江省温岭市的"民主恳谈会"[J]. 浙江社会科学, 2005 (1).

[12] 林尚立. 公民协商与中国基层民主发展 [J]. 学术月刊, 2007 (9).

[13] 林尚立. 民主的成长: 从"个体"自主到"社会公平"——解读2005年中国政治发展的意义林尚立 [J]. 毛泽东邓小平理论研究, 2006 (3).

[14] 林应荣, 李小健. 温岭"参与式预算"的阳光实践 [J]. 中国人大, 2014 (18).

[15] 刘杰. 协商民主的中国特色与统一战线的保障功能 [J]. 上海市社会主义学院学报, 2013 (5).

[16] 齐卫平, 陈朋. 现代国家治理与协商民主的耦合及其共进发展 [J]. 华东师范大学学报 (哲学社会科学版), 2014, 46 (4).

[17] 叶小文, 张峰. 协商民主与现代国家治理的高度契合 [J]. 中国政协理论研究, 2014 (1).

[18] 俞可平. 推进国家治理体系和治理能力现代化 [J]. 前线, 2014 (1).

[19] 祝灵君. 再组织化: 中国共产党引领基层治理的战略选择 [J]. 长白学刊, 2016 (6).

后　记

文稿付梓之时，喜逢中国共产党第二十次全国代表大会胜利闭幕。党的二十大报告，对于本书探讨的基层党组织、社会主义协商民主、基层群众自治、基层社会治理等关键问题，提出了一系列重要的新理念、新提法、新论断。书中提到的一些基层地方的协商治理案例，亦得到理论与实践相互促进的印证。

实践没有止境，理论创新也没有止境。党的二十大报告基于近十年来全过程人民民主特别是基层协商民主的发展实践，提出"基层民主是全过程人民民主的重要体现""协商民主是实践全过程人民民主的重要形式""着力解决好人民群众急难愁盼问题""建设人人有责、人人尽责、人人享有的社会治理共同体"等重要论断，为基层党组织进一步推动基层协商民主和治理实践提供了全新的理论指导，在不久的将来必将带动一系列生动的基层实践和新的理论生长点。

"健全基层党组织领导的基层群众自治机制，加强基层组织建设，完善基层直接民主制度体系和工作体系。"诚然，基层党组织是基层群众自治和基层直接民主的领导者、组织者，也是基层群众

"商量办事"的推动者和落实者。基层群众以利益相关的实际问题为载体进行直接民主的实操训练，提高议事能力、解决利益矛盾，这是最广泛、真实、管用的民主治理绩效。然而，基层群众的自治能力不是与生俱来的，是在长期的民主参与和民主实践中逐渐习得和加强的。通过基层党组织的主动作为和直接领导，基层协商治理为群众自治提供了制度依据和训练平台，提升议事能力和公共理性，为更大范围、更深程度的群众自治打下基础。

"中国共产党领导人民打江山、守江山，守的是人民的心。"全国9671.2万名党员、493.6万个基层党组织，时刻牢记紧紧抓住人民最关心最直接最现实的利益问题，发挥人民的智慧，创造人民的事业。中国的民主话语、民主理论、民主制度，是党领导人民在治国理政的实践中不断总结和探索出来的，为民主这个全人类的共同价值贡献了中国方案、中国智慧、中国力量。

最后，感谢所有为本书的出版付出辛勤劳动的良师益友。感谢北京工业大学马克思主义学院提供出版资助。

2022 年深秋

于平乐园 100 号